나는 하고 싶은 말 제대로 하고 싶다

나는 하고 싶은 말
제대로
하고 싶다

서미림 지음

무한

프롤로그

우리는 매일 말을 하고 살고 있습니다. 그러나 놀랍게도 수많은 사람들이 말을 잘 하지 못해 매우 괴로워하고 있습니다. 말하는 능력은 곧 우리 인생의 전부라고 할 수 있습니다. 취업은 물론 승진, 이직, 사업가의 리더십, 팀장의 리더십, 연애, 세일즈 등에서 말을 얼마나 잘하느냐가 승부와 패배를 좌우합니다. 이처럼 수많은 인생의 매우 중요하고 결정적인 순간에 승부수를 던질 수 있는 핵심 능력은 곧 말하는 능력입니다.

그러나 비극적으로 우리는 제대로 말하는 방법에 대해서 배운 적이 거의 없습니다. 영어와 같이 학업이나 취업과 관련된 공부에는 열을 올리지만, 제대로 말하는 방법에 대해 배우려고 하는 노력은 하지 못했습니다.

결론은 우리가 현재 목격하고 느끼는 그대로입니다. 고스펙자임에도 불구하고 입사 면접에서 제대로 자신을 어필하지 못해서 면접에서 탈락하는 경우를 자주 볼 수 있습니다. 또한 기업의 CEO임에도 직원들에게 제대로 리더십을 발휘하지 못해서 답답하고 비효율적인 의사소통으로 쓸데없이 시간과 에너지를 낭비하는 경우도 많다는 것을 느꼈습니다. 또한 사랑하는 부부와 자녀들 간에 의사소통이 제대로 되지 않고, 번번이 상처를 주는 말로 가장 사랑해야 할 사람들끼리 가장 힘들게 하는 관계가 되는 비극이 벌어지고 있습니다. 이게 제가 본 한국의 현주소입니다.

우리가 제대로 자신의 생각을 전달할 수 있는 화술에 대해 배웠다면 지금과 같은 사회적인 불통과 답답함은 줄어들지 않았을까 하는 안타까운 마음이 들었습니다. 그리고 대인관계에서 가장 상처를 받고 오해하는 원인이 바로 잘못된 '말하기'에 있다는 사실을 발견하였습니다. 놀랍게도 자신의 의사와 관계없이 상대에게 상처를 주고 불필요한 에너지를 낭비하고 있는 것이 우리의 현실입니다.

  지금까지 10년 이상 제대로 말하는 방법에 대해서 관찰하고 연구해온 결론은 '말하기'는 우리 인생의 행복과 성공을 좌우하는 매우 중요한 능력이라는 것입니다. 그래서 그동안 연구한 효과적인 화술에 대한 알맹이를 이 책에 듬뿍 담아냈습니다. 이 저서를 통해 조금이라도 많은 사람들이 더 많은 성취를 이루기를 바랍니다. 또한 가족과 인간관계에서의 제대로 된 소통으로 인생의 행복을 되찾기를 바라는 마음으로 책을 집필하였습니다. 이 저서가 조금이라도 불통으로 신음하고 있는 삭막한 한국 사회에 소통의 샘물이 솟아나는 오아시스와 같은 존재가 되기를 소망합니다!

  – 연구소에서 서미림

잘 모르는 사람에게는 막연한 공포감만 불러일으킬 수 있는 코브라도 그 성질을 잘 파악하여 창조적이고 독창적인 방법으로 활용하면 더 없이 좋은 생계의 수단이 된다. 잘 알지 못하는 이에게는 공포와 부담감으로 느껴질 스피치도 그 본질을 정확하게 파악하여 잘 활용할 줄 안다면 많은 것을 성취할 수 있는 참신한 기회의 도구가 될 것이다.

목차

02장 준비 및 오프닝
상대의 마음을 훔치는 상위 1% 말하기

03장 스토리텔링 및 클로징
상대를 행동하게 만드는 신들린 말하기

01장

세상 어디에도 없던 특별한 기술

상대의
심리를 지배하는
마성의 말하기

01
누구든 유혹하는
카사노바라를 상상하라

오늘날, 훌륭한 최고 경영인이란 모름지기 뛰어난 의사소통 능력을 지녀야 한다.
• 프레드 스미스

무미건조한 스피치의 시대는 이제 끝났다. 당신의 말에 살아있는 에너지를 힘껏 담아 전달하고 자유자재로 청중을 웃기고 울릴 줄 아는 선수가 되어야 한다. 그리고 마치 카사노바가 자신과 사랑에 빠지게 하듯이 전략적으로 매혹의 기술을 펼쳐서 말해야 한다. 단순히 현란한 말보다 '심리적인 기술과 비언어적인 특성의 위력'까지 제대로 파악한 사람만이 상대의 마음을 얻을 수 있고 인상 깊은 스피치를 할 수 있다. 당신이 스피치를 할 때는 청중이 자신과 비슷한 감정을 느끼며 분위기에 함께 몰입할 수 있도록 노력해야 한다. 연애의 기본도 자신감이듯, 스피치의 기본도 첫째가 자신감이다. 마치 연애하듯, 카사노바가 여성을 유혹하듯 스피치에도 그 기술을 적용해보자.

우리들에게 바람둥이, 호색한으로 잘 알려진 카사노바(Giacomo Girolamo Casanoova, 1725~1798)는 사상가이자 외교관, 예술가, 벤처사업가 그리고 세기의 최고 유혹자이다. 그는 방대한 독서를 통한 문학적 감성과 자기계발로 풍부한 지식을 갖추어 어떤 화제든 막힘없이 말할 수 있는 굉장한 지력(知力)과 섹시한 화술의 소유자로 이름을 날렸다. 또한 그는 여자가 원하는 것이 무엇인지를 간파해 상대가 바라는 대로 알아서 행동하고, 헤어질 때는 어떠한 여지도 절대로 남기지 않는 능숙함을 겸비했다. 오히려 헤어진 여성들에게 그는 늘 그리움의 대상이었다. 바로 이것이 카사노바가 최고로 손꼽히는 유혹의 전설이 될 수 있었던 진짜 이유였던 것이다.

카사노바는 결코 상대 여성을 억지로 설득하려고 하지 않았다. 단지 강력한 '카리스마'라는 미끼로 유혹했다. 그것은 세련된 말과 화려하고 세련된 옷차림, 그리고 호감을 주는 강렬한 눈빛과 표정이었다. 마케팅과 세일즈, 그리고 연애는 모두 일맥상통하다. 스피치도 물론 마찬가지이다. 모두 고객과 연인에 대한 구애와 유혹의 기술이며, 그 성공 여부는 미끼라고 할 수 있는 탁월한 매력을 바탕으로 한다. 그래서 유혹의 달인, 카사노바를 연구하면 마케팅과 세일즈 전략이 한눈에 보이는 것이다.

특히 세일즈맨이나 마케터 그리고 스피치를 하는 이에게는 유혹의 기술이 유난히 많이 요구된다. 강압과 거짓으로 원하는 것을 취할 수는 없다. 유혹이란, 욕망을 미끼로 삼아 감정과 상상력을 자극해 정신을 굴복시키는 기술이다. 유혹이라고 하면 보통 우리는 '여성들은 외모, 남성들은 말'을 수단으로 하는 경우를 떠올린다.

화려한 언변을 구사하기 위해서는 당연히 아는 것도 풍부해야 하다. 그래서인지 카사노바는 화학, 의학, 철학, 문학 등 다양한 학문에 정통했다. 그는 17세 때 법학박사 학위를 취득했으며 40여 권의 저서를 남긴 박식한 천재였다. 카사노바는 40년간 무려 백 명이 훨씬 넘는, 신분과 지위고하를 막론하고 각계각층의 여자를 유혹해왔다. 특히, 그는 자신의 회고록에서 이렇게 말했다.

"나는 이 세상에서 훌륭한 지위를 보장받을 만한 교육도 받았고, 지성과 재치도 갖추고 있었으며, 문학에 대한 지식도 풍부했고, 사교계에서 인기를 얻기에 충분할 만큼 육체적인 매력도 타고났다."

"나는 비록 잘생기지는 않았지만 아름다움 이상의 얼굴을 가지고 있었다. 그것은 나에게 호감을 갖지 않을 수 없게 만드는 인상적인 표정이었으며, 나는 언제라도 그런 표정을 지을 수 있었다."

카사노바 스스로가 생각하는 자기 모습은 지성과 야성을 갖춘 쾌남의 모습이다. 그가 말한 자신의 진짜 모습은 잘생긴 얼굴이 아닌 남에게 호감을 주는 인상적인 표정이었다.

이는 비단 연애뿐 아니라 세일즈, 그리고 스피치에서도 핵심 경쟁력이 될 수 있다. 잘생긴 얼굴보다는 '밝고 긍정적인 표정'이 훨씬 사람들의 마음을 끌게 되는 것이다. 특히, 여자들이 느꼈던 카사노바의 공통적인 매력은 수려한 외모나 재산과 같은 외형적인 것들이 아니었다. 그것은 바로 그녀들이 원하는 것을 간파하고 준비하는 섬세함과 주도면밀함에 진정한 매력이 있었던 것이다. 카사노바를 유혹의 달인으로 만든 것은 해박한 지성미를 겸비한 화술, 그리고 상대방에 대한 배려와 존중의 마음이었다. 스피치를 할 때에도 이처럼 청중을 존중하고, 방대한 지식으로 무장되어 감동의 시간으로 이끌 수 있어야 한다.

진정한 여성마케팅의 달인인 카사노바를 연구하면 사람들의 마음을 끌 수 있는 스피치 기술을 연마할 수 있다.

"여성을 위해 태어났다고 자각한 나는 언제나 여자를 사랑할 뿐 아니라, 그 여성들로부터 사랑받고자 최선을 다했다."

카사노바의 매력은 무엇보다 넘치는 자신감과 세련된 매너, 그리고 상대방을 배려할 줄 알고 경청하는 태도였다. 또한 멋을 낼 줄 알았고 부드럽고 군더더기 없는 말투와 넉넉함으로 뭇 여성들의 시선을 사로잡았던 것이다. 외모가 탁월하다고 무조건 유혹할 수 있는 것이 아니다. 오히려 유혹은 심리게임에 가깝다고 할 수 있다. 카사노바는 철저하게 상대의 입장에서 생각하고 상대가 원하는 것을 간파해, 그것이 무엇이든 갖게 해주려고 최선을 다했다.

이처럼 카사노바가 단순한 바람둥이를 넘어 전설이 되었던 이유는 독서를 통한 방대한 지식의 창고를 갖추고, 누구보다 많은 경험과 자신의 일에 대한 뜨거운 열정을 가진 강력한 카리스마의 소유자였기 때문이다. 이것은 오늘날에도 모든 비즈니스를 포함한 다양한 분야의 성공 핵심 포인트로 통한다.

또한 카사노바는 대단히 '전략적인 사고'의 소유자였다. 그의 작업 형태를 보면 명확한 목표 설정과 체계적인 계획 수립이라는 단계를 거쳐 왔다. 또한 행동은 언제나 과감하고 신속했다. 카사노바가 결코 저절로 유혹의 달인이 된 것이 아니다. 그는 사랑을 쟁취하기 위해 아낌없는 노력을 쏟았다. 카사노바는 유혹의 대상으로 삼은 여인들의 심리를 충분히 이해하고 그에 적합한 전략을 세웠다. 이처럼 전략을 세우고 실행하려는 자세는 우리가 본받아야 할 부분이다.

카사노바는 표적으로 삼은 상대에게 항상 자신의 모든 것을 바치려는 '헌신적이고 준비된 마음'을 가지고 있었다. 그의 화려한 언변으로 나타나는 불광불급(不狂不及)의 정신은 그대로 전달되어 모든 여성들을 매료시켰던 것이다. 바람둥이에게 처음에 넘어가는 여성들은 외모와 매너에 반했을 수도 있지만, 진정 여성들의 눈을 멀게 하는 결정적 포인트는 '바람둥이의 당당함과 불같은 열정'이었다. 진정한 바람둥이들은 거절당할수록 더 도전적이고 열정적이 된다. 연애든 세일즈든 스피치든 성공의 핵심은 당당함과 실패할 때마다 다시 일어설 수 있는 불같이 뜨거운 열정이다. 카사노바가 모든 것을 바쳐 상대의 가슴에 불을 지피듯, 스피커는 감동 주는 스피치를 위해 청중의 가슴에 불을 지필 줄 알아야 한다. 이것이 진정한 고수의 기본이다.

카사노바에게 배우는 상대의 마음을 훔치는 법

1. 독서와 다양한 경험을 해박한 지식으로 무장할 것
2. 호감을 주는 밝고 긍정적인 표정 짓기
3. 상대가 원하는 것을 간파하고 준비하는 섬세함과 주도면밀함을 가질 것
4. 배려와 존중의 마음을 가질 것
5. 실패할 때마다 다시 일어설 수 있는 뜨거운 열정을 가질 것
6. 자신감과 세련된 매너를 가질 것

그 다음으로 최고의 스피치를 하기 위해 갖춰야 할 것은 '호감과 설득력'이다. 미국의 심리학자 로버트 치알디니(Robert Cialdini) 교수는 설득의 법칙 6가지 중 하나로 호감을 꼽으면서 호감의 원천으로 '신체적인 매력, 유사성과 공통점, 그리고 칭찬'을 제시했다. 대중 스피치에서도 역시나 자신감 넘치는 표정과 밝은 미소로 매력을 발산하거나, 청중과 자신의 공통점을 언급하거나 칭찬하는 기법은 청중의 호감을 사는데 매우 효과적이다. 매력 있는 여자의 가장 강력한 무기가 조용한 분위기로 은근히 매혹시키는 기술이듯, 세일즈의 대가(大家)는 결코 요란하게 떠벌리는 법이 없다. 단지 고객에게 큰 믿음을 줄 뿐이다. 이것이 바로 부드럽지만 강력한 카리스마이다.

고객을 절대 설득하려 하지 말아야 한다. 다만 그들을 간접적으로 매혹하라. 설득은 나의 힘으로 상대를 움직이는 것이고, 유혹은 내 매력으로 그들 스스로를 움직이게 하는 것이다. 스스로 움직이게 하는 힘이 더욱 강력

한 것은 당연하다.

연애와 세일즈 그리고 스피치도 마찬가지다. 스스로 당신 품 안으로 덥석 들어오지 않는다. 미끼를 제대로 던져야 한다. 그것도 평범한 미끼가 아니라 덥석 물 수 있는 달콤하고 맛있는 유혹의 미끼를 던져야 한다. 이것이 상대의 마음을 훔치는 고도의 전문기술이다. 여기에서 깨닫게 된 스킬과 자신감을 갖추게 되었다면 축하한다. 당신은 이미 프로가 될 수 있는 기본을 갖추게 되었다!

02
상대의 불안과 약점을
공약하라

사람의 마음은 낙하산과 같다. 열리지 않으면 쓸 수가 없다. • 링컨

상대의 마음을 뒤흔드는 영혼의 스피치를 하려면, 인간의 심리와 인간세계에 관심을 갖고 끊임없이 공부해야 한다. 누구나 살아가면서 가면을 쓴다는 사실을 알아둘 필요가 있다. 사실 알고 보면 남들 앞에서 우리는 실제보다 훨씬 더 자신만만한 척한다. 속으로는 매 순간 끊임없는 회의에 시달리면서도 다른 사람에게는 그런 모습을 전혀 보이지 않으려 노력한다. 그러나 우리의 자아와 성격은 겉으로 드러난 모습보다 훨씬 더 나약하다. 즉 겉으로는 강해 보이는 것 같지만, 그 이면에는 항상 혼란스러운 감정과 공허감이 도사리고 있다.

완벽하게 만족을 느끼고 있는 사람을 유혹하는 것은 거의 불가능하다. 유혹이 완전히 성사되려면 사람들의 마음속에 긴장과 부조화가 자리 잡고

있어야 한다. 대부분의 사람들은 모험과는 거리가 먼 삶을 살고 있다. 바쁘게 살아가다 보니 어린 시절의 꿈은 저만치 멀어져 있고, 반복되는 일상은 무의미하고 지루하기 짝이 없다. 아무리 주변을 돌아보아도, 자기 자신을 돌아보아도 못마땅하기만 하다. 사람들의 내부에 도사리고 있는 불만의 감정을 최대한 고조시켜보자. 유혹자는 절대로 겉모습만으로 상대를 파악해서는 안 된다.

이 세상에 100% 완벽하게 만족하면서 사는 사람은 있을 수가 없다. 그런 점에서 사람들은 항상 유혹에 넘어갈 준비가 되어 있다. 그들의 불안과 근심을 수면 위로 끌어낼 수만 있다면 쉽게 유혹할 수 있다.

고통과 불안은 쾌락을 더욱 달콤하게 만든다. 한껏 욕망을 자극한 다음, 상대의 부족한 부분을 채워줄 수 있다는 분위기를 풍기면 당연히 사람들은 자연스럽게 넘어오게 되어 있다. 그래서 유혹하려면 먼저 상대가 자신의 모습을 볼 수 있도록 해야 한다. 다시 말해서 바쁘게 정신없이 살면서 놓치고 있는 중요한 부분이 무엇인지를 곧바로 깨닫게 해야 한다. 모든 사람은 뭔가 모르게 결핍되었다는 느낌이 들 때, 당연히 자신의 빈 공간을 채워줄 누군가를 찾게 되어 있다. 이것은 인간의 숨겨진 본능이다.

또한 우리 스스로의 지루함이나 상실감을 달래려면 큰 노력을 쏟아야 하기에 누군가 다른 사람에게 그 일을 맡기는 것이 훨씬 더 쉽고 짜릿하다. 우리는 누군가가 나서서 우리의 공허감을 채워주기를 바라는 경향이 있다. 모든 유혹자는 바로 이 점을 공략해야 한다.

1. 상대가 미래에 대한 불안감을 갖게 하라.

상대를 절망에 빠뜨려서 자신의 삶과 정체성에 회의감이 들게 만들어야 한다. 삶을 갉아먹는 지루함에 덜미를 잡히는 순간, 유혹의 씨앗은 저절로 움트게 되어 있다. 일단 상대가 덫에 걸려들었다고 보이면, 은연중에 상대의 상처를 파고들어 더 큰 고통을 느끼게 만들어야 한다. 사람은 불안감을 느낄 때는 다른 사람에게 한껏 기대려는 경향이 있다. 따라서 사랑에 빠지게 하려면 먼저 불안감에 휩싸이게 만들어야 한다.

2. 때로는 상대의 약점을 파고든다.

유혹의 본질을 잘 파악하고 있는 클레오파트라는 카이사르와 처음 만난 날 동침했다. 그러나 그를 그녀의 노예로 만든 진짜 유혹은 그 뒤에 시작되었다. 그녀는 카이사르와 대화를 나눌 때마다 자신의 조상이라고도 할 수 있는 '알렉산드로스 대왕' 이야기를 자꾸 언급하곤 했다.

그녀는 알렉산드로스를 따를 만한 영웅은 아무도 없다고 말했다. 이에 카이사르는 은연중에 열등감을 느끼지 않을 수 없었다. 클레오파트라는 겉으로 강해 보이는 카이사르의 이면에 숨어 있는 불안감을 건드리는 전략을 세웠다. 거기에 넘어간 카이사르는 자신의 위대함을 입증하기 위해서라면 어떤 일도 마다하지 않을 기세였다.

이후 유혹은 일사천리로 진행되기 시작했다. 자신의 남성다움에 관한 회의는 그만의 약점이었다.

3. 상대의 과거를 눈여겨본다.

유혹자가 눈여겨볼 또 다른 부분은 상대의 과거다. 누구나 성장하면서 자의든 타의든 어린 시절의 꿈과 타협하게 된다. 기분 내키는 대로 할 수 있는 어렸을 때와 같은 기회는 줄어들게 마련이고, 그럴수록 삶은 점차 활기를 잃고 방황하게 된다. 이 때문에 사람들은 아쉬움을 안고 살아간다. 그래서 진정한 유혹자가 되려면 사람들의 내면 깊숙한 곳에 자리하고 있는 깊은 아쉬움을 수면 위로 끌어올릴 줄 알아야 한다. 그래서 자신들이 과거에 꿈에서 얼마나 멀리 벗어나 있는지를 깨닫게 만들어야 한다. 거기서 나아가 상대가 잃어버린 꿈과 젊음을 되찾을 수 있는 기회를 제공한다면, 상대는 저절로 끌려오게 되어 있다.

이 같은 논리는 비단 유혹에만 국한되는 것이 아니다. 우리가 상상하는 것 이상으로 무척 다양한 분야에 적용된다. 기업가와 정치인들은 제품을 팔거나 사람들을 움직이려면 먼저 대중의 욕구와 불만을 일깨워야 한다는 점을 너무나 잘 알고 있다. 최고의 방법은 상대가 자신의 정체성에 대한 의문을 품게 한 다음, 친절하게 도움의 손길을 내미는 것이다. 이는 개인뿐만 아니라, 집단이나 국민들에게도 통용되는 이야기다. 개인이든 집단이든, 우선 뭔가가 결여되어 있다는 느낌을 주지 못하면 유혹은 절대로 성사될 수 없다.

1960년 민주당 대통령 후보로 나온 존 F. 케네디의 선거 전략 중 하나는 미국인들로 하여금 1950년대에 대한 불만을 품게 하는 것이었다. 미국은 1950년대 들어 경제적인 안정을 누리며 강대국으로 부상했다. 그러나 케네디는 이런 사실에 대해서는 일절 언급하지 않았다. 대신 그는 '획일화와 모험 정신의 결여, 개척자 정신의 상실'을 이 시기의 특징으로 꼽았다. 케네디에게 표를 던진다는 것은 곧 집단적인 모험에 나서는 것이자, 미국인들네게 예전에 포기한 꿈을 되찾으라는 의미로 받아들여졌다. 개인과 마찬가지로 집단도 원래 목표를 잃고 일상에 매몰될 수 있다. 따라서 집단적인 불안 심리를 한껏 자극할 경우, 이처럼 모든 게 겉보기와는 다르다는 실제적인 인식을 심어주면 국가 전체까지도 유혹할 수 있는 것이다. 현재에 대한 큰 불만족을 더욱 고조시켜 영광스러웠던 과거를 떠올리게 만들면, 사람들은 자기정체성에 강한 회의를 품게 된다. 그러고 나서 그들의 정체성을 다시 정의해주면, 엄청난 유혹의 효과를 발휘할 수 있다.

불안심리 자극, 현재에 대한 불만족 → 영광스러웠던 과거를 떠올리게 함 → 자기정체성에 대한 강한 회의 → 정체성 재정의 → 유혹 성공

상대의 욕망을 자극하는 것은 결코 부드러운 손길이나 유쾌한 기분이 아니다. '상대의 욕망을 자극하는 것은 상처라는 것'이 중요하다. 화살에 찔린 상처는 고통과 아픔에 이어 평안함과 안전을 바라는 강한 욕구를 불러일으키기 마련이다. 욕망이 생기려면 먼저 고통이 따라야 한다. 먼저 상대의 약점에 화살을 날려 크게 상처를 내라. 그리고 상처가 아물기 전에 계속 후벼

파보면 반응이 온다. 대부분 사람들은 스스로에 대한 만족과, 자신의 결점에 대한 자각에서 비롯되는 약간의 불안함 사이를 오락가락한다.

우리 모두는 자신이 잘생기거나, 젊거나, 강하거나, 똑똑했으면 좋겠다고 생각한다. 또한 위인들처럼 살면서 수많은 것을 이룰 수 있기를 소망한다. 그들이 가지고 있는 장점이나 지위, 혹은 그들이 거둔 성공이 나의 이야기이기를 소망한다. 하지만 자기 자신에게 만족하는 경우는 매우 드물다. 항상 어딘가에 불안의 감정과 약간의 자기혐오가 숨어 있다. 이런 불만의 감정이 쌓일수록 사랑에 빠질 위험이 더욱 높다. 대부분의 경우에는 이런 불안을 의식하지 못한다. 상대의 불안을 유혹의 미끼로 활용해보자.

03
상대의 가장 깊은
욕망에 집중하라

만일 당신이 배를 만들고 싶다면, 사람들을 불러 모아 목재를 가져오게 하고 일을
지시하고 일감을 나눠주는 일을 하지 마라. 그들에게 저 넓고 끝없는 바다에 대한
동경을 키워줘라!. • 생떽쥐베리

청중이 듣고 싶은 이야기를 하라. 청중이 어떤 이야기를 듣고 싶어 하는
지 분석해 교감할 수 있는 스토리를 준비해야 한다. 예를 들어 40~50대의
CEO들이 모인 자리에서 PT를 한다면 '가벼운 에피소드'보다 '해당 기업에
관한 신문기사 및 사업 관련 스토리'를 전하는 것이 좋다. 사람들은 자신과
관련된 이야기를 좋아한다.

어릴 적 학교 앞에 약장수가 약을 파는 풍경은 꽤 인상 깊었다. 당시 약
장수는 청산유수의 매끈한 언변으로 자신을 빙 둘러 섰던 사람들의 혼을
쏙 빼놓았다. 다른 사람들도 가짜 약인 줄 알면서도 샀었다. 왜 그럴까? 말
을 잘하니까 만병통치약으로 믿고 싶은 심리가 발동한 것이다. 거짓말이라
도 뭔가 기대하고 싶은 소비자의 예민한 심리를 살살 건드려 주었기 때문

이다. 약장수는 소비자의 필요와 욕구를 꿰뚫고 구경꾼들을 설득해서 기어코 돈을 내게 했다. 당연히 과대광고에 허위선전이지만, 약에 대한 효능을 극대화해 기막히게 잘 전달한 것이다. 사람들은 생각보다 이성적이지 않고 감성적인 동물이다. 또한 흥미를 추구한다.

아무리 탁월한 상품을 가지고 있어도 상품을 말로 설명을 제대로 하지 못한다면 많이 팔 수 없다. 얼마나 좋은지는 말로 전달되고 설득되어져 지갑을 열게 만드는 것이기 때문이다. 사람들이 온라인 쇼핑몰에서 그렇게도 기존 구매자의 후기에 의지해서 결정을 내리는 심리를 보면 이해가 잘될 것이다. 또한 학자가 자기 논리를 주장할 때, 정치인이 정치적 이슈나 철학을 이야기할 때, 그리고 강사가 강연을 할 때 아무리 외모는 장동건이라고 해도 말이 어눌하면 청중을 설득하지 못하는 것과 같은 이치다. 그렇기에 좋은 스피커는 늘 청중을 설득하기 위해 그들의 입장에서 생각하며 그들의 반응을 민감하게 살핀다.

요즘은 20초짜리 TV 광고 한 편을 만들어도 영화처럼 찍는다. 큰돈 들여 광고를 제작하고 고액의 광고비를 투자하는 이유는 단 하나다. 소비자들에게 주목받아 판매수익을 높이겠다는 전략이다. 소비자의 시선을 집중시켜서 욕구를 느끼게 하고, 충족시켜 주겠다는 자신감을 시각화해서 행동으로 이어지도록 유도하는 것이다. 그 짧은 시간에 소비자들의 시선을 사로잡아 판매를 극대화하는 광고처럼 스피치도 청중의 눈과 마음을 사로잡을 줄 알아야 성공적 할 수 있다.

성공적인 스피치를 위해서는 청중의 욕구를 잘 간파해야 한다. 현대인은 모두 자아실현의 욕구가 강하다. 이를 위해서라면 결혼도 미루고 출산도 꺼릴 정도로 삶의 우선순위를 차지한다. 자신을 완성하려는 욕구만큼 강한 것이 존중받고 싶은 욕구, 즉 자존감을 높이고 사랑받고 싶은 욕구다. 이러한 청중의 욕구를 파악해 집중 공략하면 더욱 설득하기 쉽다. 이외에도 안전의 욕구나 생리적 욕구 등 스피커는 공략하고자 하는 청중의 욕구를 일깨워야 한다. 청중의 태도나 지식, 욕구 그리고 감정을 잘 파악해 이에 걸맞은 스피치를 준비해야 청중이 움직여주고 연사도 목적을 달성할 수 있다. 자신이 하고 싶은 말은 하되, 무조건 청중이 더 많이 호응할 수 있는 방향으로 나아가야 효과적이다.

'청중이 가지고 있는 기본 욕구에 호소함으로써 동기를 부여하는 방법'이 설득에 매우 효과적이다. 좀 더 효과적인 동기유발을 위해서는 분석을 통해 청중이 가장 원하는 것이 무엇인지 파악해야 한다. 이런 요구에 부응해 설득 전략을 세울 필요가 있다,

심리학자 에이브러험 매슬로(Abraham H. Maslow)는 인간의 욕구를 크게 생리적 욕구, 안전의 욕구, 소속의 욕구, 자존의 욕구, 자아실현의 욕구로 분류한 바 있다. 연사가 제안하는 내용이 이런 청중의 욕구를 만족시키는데 도움이 된다는 것을 보여주면 청중이 그만큼 연사의 말을 받아들일 가능성

이 높아진다. 인간의 특정한 기본 욕구를 이용하면 언제나 청자의 행동을 유도할 수 있다. 연설가로서 성공하려면 이런 보편적인 인간의 욕구를 이해하고 적절히 충족시켜줄 수 있어야 한다.

특히 가장 강렬하고 매혹적인 욕구는 '개인의 이익'임을 명심해야 한다. 이 동기에 열심히 호소하고 그 동기를 개인적인 것으로 만드는 것이 가장 효과적이다. 가령 흡연사례로 설득할 때 '장차 폐 질환에 걸릴 통계'만을 언급하는 방법은 최선의 전술이라 할 수 없다. 당장 오늘 치러야 할 대가를 제시해야 한다. 시간의 근접성이 상실에 대한 심각성보다 한층 더 중요하다. 가령 흡연 때문에 당장 데이트를 거절당하는 것이 지금으로부터 40년 후 호흡기를 달고 있는 자기 모습을 떠올리는 것보다 훨씬 더 큰 영향력이 있다. 이처럼 먼 미래의 큰 불이익보다는 지금 당장의 작고 사소한 불이익을 더욱 두려워하는 것이 인간 심리이다. 그렇기에 먼 미래보다는 현실에 대한 이야기를 들려주어라. 그러면 그들은 귀를 쫑긋 세우고 집중할 것이다.

그런데 데일 카네기는 이런 인간적인 욕구보다 더욱 강력한 동기가 '자부심'이라는 것을 깨달았다. 더욱 정확하게 말하면 '타인에게 인정받고 싶은 욕구'라 표현할 수 있다.

데일 카네기가 묘사했듯이 청중의 자부심에 호소하는 방법은 다이너마이트의 위력에 결코 뒤지지 않는 엄청난 힘을 지닌다. 다른 이들에게 존경받고, 군중 속에서 돋보이고 싶어 하는 것이 인간의 진정한 본성이다. 그렇기에 단순히 나의 말을 듣고 끝나는 것이 아니라, 청중이 직접 행동하도록 영감을 불어넣는 최고의 방법은 이 기본요소에 호소하는 것이다.

모든 연설가는 자신이 제시한 방향으로 청중을 이끌어가기를 바란다. 그러기 위해서는 청중이 진정 원하는 것을 제대로 파악한 뒤, '개인의 이익을 얻으려는 열망, 자기 보호의 욕구, 다른 사람들의 존경을 받을 때 느끼는 자부심' 등 인간의 숨겨진 욕망을 이용해야 한다.

효과적인 설득을 위해서는 명분이 필요하다.

인간은 일을 꾀할 때 내세우는 구실이나 이유라고 할 수 있는 '명분'에 따라 행동한다. 예컨대 남의 싸움에 무관한 내가 팔을 걷어붙이고 뛰어들 때는 뭔가 그럴 듯한 명분이 있어야 한다.

군인은 국가 수호라는 확실한 명분으로 전쟁에 임한다. 직장인은 자아성취의 도구이자 생계를 위한 명분 때문에 사회생활을 한다. 명분이란, 행동을 유발하는 동기가 된다. 명분 제시는 욕구를 불러일으켜 의욕을 갖게 할 수 있다.

성공적인 투자 유치를 기대하는가?

투자자들의 관심은 오직 투자수익률이다. 당신의 사업계획이 현재 트렌드에 걸맞고, 시장 선점을 할 수 있는 기회이니 그들에게 높은 수익을 안길 수 있다는 확실한 명분을 보여주면 된다.

시민들의 지지를 얻고 싶은가?

지금 같은 소셜 네트워크 시대에는 그들의 참여를 막을 수 없기에 좀 더 눈높이에 맞는 정책을 제시해야 한다. 그 정책이 그들에게 어떤 이익을 가져다주는지 통계와 자료를 제시하며 확고한 믿음을 안겨줘야 한다. 그것이 지지할 명분이 된다.

취업 면접을 잘 보고 싶은가?

완전하게 회사 입장에서 면접을 보라. 사회 통념상의 평균적인 인재상이 아닌, 그 회사만이 요구하는 인재상이 있다. 그런 정보를 정확히 파악해서 그것을 말하자. 내가 이 회사에 왜 필요한 인재인지 명분을 제시하자.

강연을 성공리에 끝마치고 싶은가?

청중들이 강연을 들음으로써 어떤 이익을 얻게 될 것인지 구체적으로 설명하자. 청중에게 각자의 이익을 말해 주자. 청중은 참여하고 행동할 명분을 얻었다.

일거수일투족을 관찰해 약점을 찾아보자.

스피치를 하는 사람은 일상의 변화보다 강한 유혹을 만들어낼 줄 알아야 한다. 누구나 어린 시절의 특정 경험에서 비롯된 약점이 있기 마련이다. 그들의 삶에서 결핍된 부분을 찾아내 그들을 유혹하는 미끼로 사용하라. 그들의 약점은 허영심이 될 수도, 명예가 될 수도, 탐욕이나 지루함이 될 수도, 깊이 억눌린 욕망이 될 수도, 금지된 과일에 대한 허기가 될 수도 있다.

사람들은 사소한 단서를 통해 은연중에 자신의 약점을 드러낸다. 패션 취향이나 무심코 내뱉는 말에 주목하라. 그들의 과거, 특히 과거에 있었던 연애 등의 사건은 중요한 단서를 제공해줄 수 있다. 그들의 약점을 파고들어 거기에 맞는 강력한 미끼를 던진다면, 상대는 딱 걸려들 수밖에 없다. 이 같은 유혹의 기술을 스피치에 접목해야 진짜 선수가 될 수 있다.

상대가 원하는 걸 해준다.

공자(孔子)는 "말재주가 교묘하고 표정을 꾸미는 사람 중에 어진 사람은 거의 없다"고 했지만 요즘 시대에는 통하지 않는다. 말재주가 없고 표정이 밝지 않으면 대중은 아예 들으려 하지 않는다. 한때 우리 사회를 시끄럽게 했던 '제비'와 '카바레'를 기억하는가? 평범한 가정주부들을 유혹했던 카바레는 화려한 조명과 잔잔하고 무드 있는 음악으로 중년부인들의 가슴을 설레게 했던 곳이다. 그곳의 제비들이 순진한 가정주부들의 마음을 뺏은 것은 조명에 비친 잘생기고 화려한 외모의 제비의 외모가 아니었다. 경찰에 붙잡혀 온 한 제비족은 그 비결에 대해 이렇게 털어놓았다.

"그들의 이야기를 온 마음을 다해 잘 들어주는 겁니다. 마음속으로 애국가를 4절까지 부르면서 끝까지 참고 잘 들어주는 것입니다."

상대가 원하는 걸 해줄 뿐 다른 비결은 없다. 이는 연애에만 필요한 기술이 아니다. 협상을 잘해야 하는 비즈니스맨이나 인간관계가 매우 중요한 직장인, 정치인 등 모든 사람에게 필요하다. 비즈니스든 협상이든 상대가 원하는 걸 빨리 간파할 수 있다면 유리한 고지를 선점할 수 있다.

아첨이나 칭찬에는 유혹의 힘이 있다.

아첨이나 칭찬의 진짜 목적은 진실이나 실제 감정을 표현하기보다는 상대의 감정을 자극함에 있다. 누구나 남들한테 인정받고 싶어 하는 욕구가 강해서 아첨이나 칭찬의 말이 먹힐 수밖에 없다. 하지만 진부한 표현은 가급적 피해 다른 사람들이 보지 못했던 신선한 내용의 상대의 재능이나 자질을 꼬집어주어야 한다.

사실 상대가 아부한다는 사실을 알고 있으면서도 들으면 은근히 기분이 좋아지는 본능은 결코 부정할 수 없다. 다시 말하지만 인간은 결코 이성적이지 않다. 매우 감성적이다. 사실 아첨이 사회적으로 그리 좋은 것은 아니라는 평가를 받는다. 그러나 상황에 따라서는 적절하게 칭찬의 힘을 활용한다면 좀 더 상대의 마음을 열 수 있는 훌륭한 도구가 된다.

04
밀당의
고수처럼 말하라

기회가 왔을 때 잡아야 한다. 그렇지 않으면 행운을
놓치게 될 것이다. • 링컨

밀당의 고수들이 자주 사용하는 스킬을 스피치에 접목하면 보다 긴장감 있고 흥미로운 분위기로 청중을 마음껏 이끌어 갈 수 있다. 밀고 당기기의 묘미는 은근함에 있다. 상대를 적당히 긴장하게 하는 것이 중요하다. 밀고 당기기에 있어서의 기본 리듬은 '강 약약약'이다. 한 번 민 다음 세 번 당기고 다시 한 번 이를 반복하면서 상대방에게 혼돈을 주는 '강 약약약'의 리듬을 자연스럽게 타면 된다. 분명히 자신을 좋아하고 있다고 믿고 있을 때 튕기면 상대방은 불안감을 느끼게 된다. 그리고 이는 관계 유지에 대한 욕심 내지는 욕망으로 이어져 좋아하는 감정을 증폭시킨다.

예를 들어 완전히 전화하지 않는 것보다 전화를 받아는 주되 이전보다 조금씩 횟수를 점점 줄여나가는 것이다. 그리고 단순히 문자를 무시하기보단

문자 단어 수를 점차 줄이는 것이 효과적이다. 또한 데이트를 단번에 거절하는 것보다 미루거나 조금씩 줄여나가는 편이 상대에게 긴장감을 조성해주기에 효과적이다. 그래서 일부 연애의 고수라고 불리는 이들 중에는 일명 밀당의 달인들이 많다. 이들은 적절한 타이밍에 밀고 당기기는 긴장감을 고조시켜 연인 관계를 최상으로 유지하게 만드는 최고의 기술을 지녔다. 연인 관계가 계속 똑같은 패턴과 강도로만 유지되면 지루하고 지치는 것은 물론, 한쪽에서 딴생각을 하게 되는 경우가 많이 발생한다. 그만큼 긴장감이 중요한 것이다. 따라서 상대를 오롯이 내 사람으로 만들기 위해서는 약간의 긴장감 있는 줄다리기가 필요하다. 이 같은 밀당은 비단 연애에서만 필요한 것이 아니다.

스피치에서도 고급 밀당 기술이 필요하다. 특히 처음 만나는 상대와의 스피치에서 밀당 기술은 없어서는 안 될 매우 중요한 요소이다. 스피치 밀당을 보다 쉽게 이해하려면 자동차의 엑셀 페달을 밟아야 할 때와 브레이크 페달을 밟아야 할 때를 생각하면 된다. 말에도 천천히 해야 될 부분이 있고, 빠르게 속도를 낼 부분이 반드시 있기 마련이다. 만일 한결같은 속도로 말을 한다면 이야기가 지루해져서 상대가 내 이야기에 집중하지 못하고 어느 순간 딴생각을 하게 될 수밖에 없다. 때문에 타이밍을 잘 조절해서 말의 긴장감이 떨어지지 않도록 하는 밀당의 기술은 여러 부분에서 매우 필요하다.

그러나 연애할 때 밀당을 너무 심하게 하면 오히려 소원한 사이가 되거나, 심한 경우 이별을 맞이하게 되듯 스피치에 있어서도 과도한 밀당은 자제하는 것이 좋다. 핵심적인 부분만 임팩트 있게 밀당 기술을 적용해서 힘껏 당겨야 진짜 강조하고 싶은 말이 더욱 돋보이는 밀당 스피치가 완성된다.

극적인 잠시 멈춤을 활용해보자. 세계적으로 이름을 날리는 위대한 연사와 기업가 정신이 뛰어난 리더, 인기 연예인들은 침묵이 가장 효과적인 단 하나의 음성 기술이라는 것을 알고 있다. 정치가들도 역시 이를 잘 알고 있다. 미국의 코미디언 잭 베니(Jack Benny)는 침묵의 중요성을 다음과 같이 강조했다.

"언제 말할지 아는 것보다 언제 멈출지 아는 것이 훨씬 더 중요합니다. 앞에 있는 사람이 어리둥절할 만큼 잠시 멈춤을 지속적으로 육중하게 활용하면, 마침내 상대방은 긴장으로 인해 횡설수설하다가 자신의 의견을 철회하게 됩니다."

이렇게 잠시 멈춤을 잘 활용하면 중요한 목적을 이룰 수 있다. 그래서 노련한 연사는 청중의 심리를 잘 파악하여 그들의 방어기제를 기회로 활용한다. 극적인 잠시 멈춤은 가장 중요한 시점에서 주로 사용되는 것이다. 전문적인 연사는 주로 쉼표에서 한 박자 멈추고, 마침표에서 두 박자 정도 멈춘다. 여기서 박자란 짧은 음표 하나를 소리 내서 말하는데 걸리는 시간을 의미한다. 잠시 멈춤에 익숙해지려면 문장들 사이마다 3초 동안 가만히 침묵하는 연습을 해야 한다. 처음에는 어색하게 느껴지지만 이렇게 연습하면

1~2초 정도 잠시 멈추는 것이 기본이 되어 자연스러워진다.

거의 모든 사람들은 대화 사이의 아주 짧은 침묵조차도 크게 부담스러워하는 경향이 있다. 짧은 쉼표에서의 어색한 정적을 스스로가 참기 괴로워하는 경우가 많다. 앞에 서 있는 사람이 쉼표 찍는 여유조차 제대로 갖지 못하면 이야기를 듣는 청중들도 함께 긴장하거나 숨이 헐떡거리거나 또는 그 헐떡거림이 부담스러워 결국 관심을 끄게 된다.

적절한 쉼표로 말의 맛을 살려야 한다. '쉼표'는 나의 말을 더 주목하게 만드는 것이다. 지금 하는 말을 강조하고 싶고, 그래서 사람들이 더 관심을 가져주었으면 하는 방법 중에 가장 효과적인 것이 말에 정확하게 쉼표를 제대로 찍어주는 것이다. 가령 간단한 인사 한마디에도 "여러분 안녕하세요"보다는 "여러분,(쉼표 찍고) 안녕하세요"라고 말할 때 더 집중되는 경향이 있다. 말과 말 사이에 약간의 공간이 생기는 것만으로도 상대가 나를 더 주목하게 만든다. 또한 쉼표 뒤에 오는 말에 더욱 귀 기울이게 된다.

수학공식처럼 정해진 공식은 없지만 문장 속 강조하고 싶은 표현이나 단어 앞에서 1초 정도를 쉬고, 문장과 문장 사이나 말하는 주제를 전환해야 할 때나 청중에게 질문을 던지고 난 다음에는 속으로 천천히 숫자를 3까지 셀 정도의 조금 긴 쉼도 괜찮다.

학창 시절을 한번 떠올려 보자. 수업 때 한참 딴짓을 하거나 졸음에 겨워 살짝 눈이 감겼을 때 열심히 강의하던 선생님의 목소리가 갑자기 멈추면 순간 깜짝 놀라 무슨 일인가 하고 고개를 들었던 적이 있을 것이다. 말의 쉼표는 공백을 통해 집중시키는 효과가 있다. 더불어 청중에게도 나의 이야기를 정리하고 다음 말을 기다릴 수 있는 여유를 준다.

'화술은 간술(間術)이다'라는 말이 있다. 스피치에서 말의 간격은 매우 중요한 요소이다. 듣는 이에게 생각할 만큼의 간격, 다음 말을 기다릴 때에는 기다릴 만큼의 충분한 간격을 두어야 한다.

"당신이라면 이럴 때 어떻게 하시겠습니까?(잠시 멈춤)."

이 사이 청중은 속으로 '나라면 어떻게 할까?' 하고 생각하게 된다. 그래서 스피치 사이에 잠시 시간을 두는 것을 '생각하게 하는 간격'이라고 표현한다. '간격을 취하라'는 전체를 느긋하게 하라는 뜻이 아니다. 대신 빠르게 해야 할 곳은 속도감 있게 말해야 한다. 이것도 하나의 간격이라고 할 수 있다. 대개 동서고금의 명 스피커는 모두 '스피치 간격 살리기'의 명수였다.

05
반복으로
확실하게 각인시켜라

반복에 지치지 않는 자가 성취한다. • 《미생》中

　상대에게 최면을 거는 것이 유혹의 언어가 지향하는 최종 목적이다. 그렇게 하려면 일단 사람들의 정신을 빼앗고 경계심을 늦추는가 한편, 여러 가지 암시적인 방법을 통해 그들의 감정을 자극하면 효과적이다. 직접적인 방법보다 은근하고 간접적인 방법이 상대의 방어를 최소화시켜서 원하는 바대로 이끌어 갈 수 있다.

　예를 들어 최면술사는 '반복과 확언'이라는 기교를 통해 상대를 기수면 상태에 빠뜨리곤 한다. 반복이란, 동일한 말을 여러 번 사용하는 것을 뜻한다. 같은 말을 계속 '반복'하다 보면 사람들의 무의식 속에 저절로 박히게 된다. 특히 감정을 자극할 만한 의미심장한 말을 잘 선택해서 반복적으로 사용하는 것이 가장 중요하다. 그러면 어느 순간 당신은 상대의 생각에 조심스럽게 파고들어 원하는 바대로 끌어가기 훨씬 수월한 상태가 된다.

확언이란, 최면술사가 내리는 명령처럼 강하고 긍정적인 언어를 뜻한다. 확언도 역시나 그 힘은 너무나 위대하기에 세상에 큰 영향력을 끼치기를 원한다면 자신을 포함하여 대중에게 적절하게 확언을 활용할 수 있는 기술을 익혀야 한다.

역사상으로도 반복과 확언을 활용하여 대중을 매혹시켜 자신이 하고자 하는 큰일들을 성취한 사례가 많다. 지금까지도 많이 회자되는 수많은 명연설 뒤에 위대한 일들의 성취가 어김없이 따라온 것을 봐도 반복과 확언의 위대한 힘을 잘 알 수 있다.

반복적인 스피치 기술을 사용했던 링컨 대통령과 마틴 루터킹 목사는 미국 사회의 가장 큰 문제인 노예해방과 흑인인권 신장에 크게 기여한 인물이다. 이들이 사용했던 것과 동일하게 반복적인 표현을 적절히 사용한다면 무대 공포로부터 해방되고, 약간의 여유와 함께 당신의 스피치가 좀 더 인상 깊어질 것이다.

의미심장한 문장을 반복하고 또 반복해서 말해보라. 어떤 청중에게는 무슨 말이든지 한 번만 하는 것으로 절대 충분할 수 없다. 게을리하는 습성과 부주의, 동기 부족, 그리고 무관심 등으로 인한 것일 수도 있으나, 일반적으로는 단 한 번의 언급으로 그 내용을 기억한다는 것은 쉽지 않은 일이다. 연사의 말이 분명하지 않아서이기도 하다. 자신이 말한 특별한 내용을 청중의 뇌리에 각인시키고 명확하게 기억될 수 있기를 바라는 경우, 이 같은 반복법을 잘 선택하면 최상의 효력을 볼 수 있다.

다음은 마틴 루터 킹의 〈나에게는 꿈이 있다〉라는 연설이다. 이 연설에서 '나에게는 꿈이 있습니다'라는 부분을 반복할 때마다 점점 더 깊은 감동과 큰 의미로 다가오는 묘한 매력을 느낄 수 있다. 단 한 번만 언급되었다면 이처럼 큰 감동으로 전해지고 인상 깊게 남기 어려웠을 것이다. 연설문을 읽으면서 잠시 동안 그 감동의 역사적인 순간으로 함께 빠져보자.

나에게는 꿈이 있습니다!
조지아 주의 붉은 언덕에서 노예의 후손들과 노예 주인의 후손들이
형제처럼 손을 맞잡고 나란히 앉게 되는 꿈입니다.

나에게는 꿈이 있습니다!
이글거리는 불의와 억압에 존재하는 미시시피 주가
자유와 정의의 오아시스가 되는 꿈입니다.

나에게는 꿈이 있습니다!
내 아이들이 피부색을 기준으로 사람을 평가하지 않고
인격을 기준으로 사람을 평가하는 나라에서 살게 되는 꿈입니다.

나에게는 꿈이 있습니다!
지금은 지독한 인종차별주의자들과 주지사가
간섭이니 무효니 하는 말을 떠벌리고 있는 앨리배마 주에서

흑인 어린이들이 백인 어린이들과 형제자매처럼 손을 마주 잡을 수
있는 날이 올 것이라는 꿈입니다.

지금 나에게는 꿈이 있습니다!
골짜기마다 돋우어지고 산마다 낮아지며
고르지 않은 곳이 평탄케 되며 험한 곳이 평지가 될 것이요,
주님의 영광이 나타나고 모든 육체가 그것을 함께 보게 될 날이
있을 것이라는 꿈입니다.

에이브러햄 링컨 역시 게티스버그 연설에서 우리에게 다음과 같이 주옥
같은 명언을 남겼다.

"국민의, 국민에 의한, 국민을 위한 정부가 되겠습니다."

이 말이 유명해질 수 있었던 이유는 물론 내용도 좋기도 하지만 결국 반
복적인 표현의 승리라고 할 수 있다. '국민'이란 말을 세 번이나 반복하면서
정부가 국민의 정부라는 것을 강조하여 사람들의 생각에 깊이 자리 잡을
수 있었다.

개그에서도 재미의 포인트는 바로 '반복화법'에 있다. 개그 듀오 컬투가
진행하는 라디오 〈컬투쇼〉가 청취율 1등을 하는 것은 재미있고 웃기는 입
담 덕분이다. 그런데 그 입담의 중심에는 항상 일정한 문장이 반복되는 '반
복화법'이 있다. 반복으로 사람을 웃기는 것은 가장 전통적인 개그의 공식
이다. 어떤 상황에서도 계속 같은 말이나 행동을 하기 때문에 사람들에게

동일한 웃음을 줄 수 있다. 단순히 웃는 것을 넘어서 사람들로 하여금 따라 하게 만들어 유행을 창조하기도 한다. 이렇게 해서 탄생한 것이 바로 유행어이다. 그렇기에 개그맨은 자신만의 독창적인 유행어가 있어야 큰 인기를 얻고, 돈을 많이 벌 수 있다.

대중가요도 이와 마찬가지다. 어떠한 특정 노래소절을 반복적으로 불러야만 사람들에게 쉽게 기억된다. 이렇게 유행어, 유행가가 만들어지는 것이다. 반복이 주는 효과는 생각보다 위대하다.

마찬가지로 스피치에서도 반복의 힘을 사용하면 큰 효과를 볼 수 있다. 우리가 어떤 말을 반복하면 스피치가 더욱 짜임새 있고, 듣는 사람으로 하여금 집중도를 더욱 높이는 효과가 있다. 가령 반복학습이라는 말도 있지 않은가? 무엇이든 결코 한 번으로는 충분하지 않다. 동일한 내용을 주기적으로 반복하다 보면 사람들은 점점 스피치에 자신도 모르게 빨려 들어오게 되어 있다. 반복의 기술을 사용하면 더욱 호소력 있는 스피치 진행이 가능하다.

06
익숙함은
유혹의 최대 적이다

우리가 경험할 수 있는 가장 아름답고 가장 심오한 감정은 신비감이다.
이것은 모든 참된 예술과 과학의 근원이다. 이 감정을 모르는 사람, 즉
놀라움과 경탄을 더 이상 느낄 수 없는 사람은 죽은 거나 다름없다.
그 사람의 눈은 감겨 있는 것이다. • 아인슈타인

　무조건 신비감을 유지하라. 이는 유혹의 기술뿐만 아니라 스피치의 기술
에서도 통하는 말이다. 익숙함은 유혹의 적이다. 물론 상대가 당신의 모든
것을 알게 되면, 관계가 편안해지긴 하겠지만 환상의 요소는 바람처럼 사라
지고 말 것이다. 처음에는 인상적이고 충격적인 방법이 상대의 관심을 끄는
데 효과가 있는 것처럼 보일지 모른다. 그러나 그렇게 해서 모았던 관심은
쉽게 사그라지는 경우가 많다. 장기적으로 보면 애매한 태도와 뭔가 아리송
한 느낌이 훨씬 더 신비감과 매력을 발휘한다.

　가령 성난 파도처럼 거친 듯하면서도 부드럽고, 정신적인 측면을 중요시
하고, 세속적으로 순진한 듯하면서도 영악하게 대처하는 카멜레온과 같은
기술이 필요하다. 뭔가 단번에 파악하기 힘든 수수께끼와 같은 분위기를 풍

길수록 사람들의 궁금증은 더욱 증폭된다. 사람들은 내면에 어딘가 상반되는 모습을 간직하고 있는 듯한 사람에게 묘한 매력을 느낀다.

이처럼 유혹자가 가진 힘의 원천은 '이중성'이라고 할 수 있다. 가령 천사 같은 얼굴과 때 묻지 않은 순수함으로 보호 본능을 불러일으켜 남자들을 감성적으로 매료시켰다면, 그 뒤에 숨어 있던 제2의 성격이 모습을 드러내야 한다. 가령 변신의 귀재들은 첫인상과는 전혀 딴판으로 경박한 표정을 짓는가 하면, 정신 나간 여자처럼 춤을 추었고, 또 어느 순간에는 갑자기 명랑해졌다. 이 모든 게 남자들의 경계심을 허물어뜨리고 좀 더 끌어당기는 은근한 매력이 되었던 것이다. 이처럼 유혹자에게는 사람들이 상상하는 것 이상으로 사람을 끄는 복잡 미묘한 매력이 있어야 한다. 때로는 매우 악독한 악녀처럼 보이고, 때로는 감히 접근할 수 없는 청초한 여신처럼 보여야 한다. 그 순간엔 상대와 어느 정도 거리를 둠으로써 더욱 신비감을 조성해야 한다.

유혹의 첫 번째 조건은 상대의 마음을 자신의 이미지로 가득 채우는 것이다. 물론 순수함이나 미모, 쾌활한 성격만으로도 사람들의 관심을 끌 수 있지만, 지속적으로 강하게 사로잡지는 못한다. 좀 더 매력적인 대상이 나타나면 사람들의 관심은 금세 그쪽으로 쏠리고 만다. 상대를 정말 깊이 빠져들게 하려면 1~2주 만으로는 절대 파악할 수 없는 복잡 미묘한 매력을 풍겨서 양파처럼 계속 까도 새로운 모습을 발산해야 한다. 쉽게 말해 뭔가 쉽사리 풀리지 않는 미스터리와 같은 존재, 저항할 수 없는 매혹적인 미끼와 같은 존재, 그래서 손에 넣기만 하면 엄청난 쾌락을 선사할 것 같은 흥미 넘치는 존재로 비쳐야 한다. 그렇게 해서 상대가 일단 당신에게 환상을 품기 시작했다면 이미 유혹의 노예가 된 것이다. 혹시라도 중간에 이미 유혹에 넘어가고 말았다는 사실을 깨닫는다 하더라도 도저히 멈출 수 없는 묘한 분위기를 자아내야 한다.

우리는 철두철미하고, 확실하고, 합리적인 이미지가 좋다는 생각에 빠져 있다. 그러나 유혹에서는 뭔가 모호하면서도 서로 상반된 분위기를 풍겨야만 성공한다. 대부분의 사람들은 태도가 너무나 똑부러지고 분명하다. 성격이 시원하고 분명한 사람을 만나면, 처음에는 단박에 끌릴지 몰라도 그런 매력은 쉽사리 시들고 만다. 그런 사람에게는 상대를 끌어당기는 깊이가 없어서 쉽게 흥미를 잃게 된다. 상대를 사로잡고 지속적으로 상대의 관심을 끌기 위해서는 무엇보다도 신비감을 잘 조성해야 한다. 원래부터 신비로운 사람은 없다. 설령 그렇다 하더라도 그 신비감은 오랜 기간 지속될 수 없다. 다시 말해 신비로운 분위기를 연출하려면 그만큼 긴장을 놓지 않고 노력해야 한다.

마찬가지로 대중 앞에서 스피치를 하는 유혹자는 전략적으로 상대를 헷갈리게 하는 상반된 신호를 보낼 필요가 있다. 즉 겉으로 보이는 모습이 절대 전부가 아니라는 애매한 분위기를 풍겨야 한다. 한마디로 역설의 효과를 최대한 활용해야 한다. 사람들은 수수께끼 같은 존재에 강력하게 끌려가게 되어 있다. 오직 순수한 미덕만으로는 유혹에 절대 성공하지 못한다. 유혹이 진행되려면 상대를 일단 매혹시켜 계속 우리에게 관심을 집중하게 만들어야 한다.

쉽게 말해서 단지 육체적인 존재가 아니라, 상대의 마음을 온통 사로잡는 정신적인 존재가 되어야 한다. 우리는 매 순간 수많은 매체를 통해 전달되는 이미지의 홍수 속에서 살아간다. 마치 사람들은 저마다 자기한테 관심을 가져달라고 비명을 지르는 듯하다.

계속해서 사람들의 관심을 끌기 위해서는, 부재중일 때도 우리의 존재를 의식하게 만들고 끊임없이 그들의 상상력을 자극하며 저 사람에게는 겉으로 보이는 모습보다 훨씬 더 이상의 무언가가 있다고 상상하게 만들어야한다. 이때 주의할 점은 이러한 과정은 목표로 정한 상대가 우리에 대해 너무 많은 것을 알기 전에 이루어져야 한다. 즉 상대의 눈길이 머무는 그 순간에 이미지를 확실하게 심어놓아야 한다.

대중과 처음 마주쳤을 때, 상반된 신호를 보내 약간 긴장된 분위기를 조성해보자. 다시 말해 순진무구하다고 생각하는 순간 갑자기 포악한 모습을, 다소 뻔뻔한 사람이라고 생각하는 순간 매우 수줍어하는 모습을, 지적이라고 생각하는 순간 제멋대로의 반항적인 모습을, 장난기가 많다고 생각하는 그 순간 갑자기 또 슬픈 모습을 보여주어라. 이때 유의점은 태도의 변화가 너무 변덕스러운 느낌을 주면 안 된다. 상대가 겨우 알아차릴 정도로 미묘한 분위기여야 한다. 태도 변화가 너무 심하면 마치 조울증 환자처럼 보일 수도 있기 때문이다. 가령 뻔뻔하고 재기 발랄한 모습 이면에 어째서 저런 슬픈 표정이 숨어 있는지 자꾸 궁금증을 유발하게 만드는 것도 좋다. 이것도 저것도 아닌 다소 아리송한 분위기를 풍겨 사람들이 자기가 보고 싶은 대로 보도록 내버려둬라. 마음껏 상상하게 만드는 것도 유혹에 있어서 하나의 고급 기술이라고 할 수 있다.

고대 세계를 풍미했던 위대한 유혹자 클레오파트라도 상반된 분위기를 풍겼던 여성이다. 가령 목소리와 얼굴, 몸매, 태도 등 모든 면에서 뇌쇄적인 매력을 발산했지만, 그와 동시에 그녀는 매우 적극적이고 활동적인 성격을 지니고 있었다. 당대의 수많은 작가들이 그녀를 다소 강인하게(남성에 가깝게) 묘사한 것은 그 때문이 아닐까 싶다. 이처럼 상반되는 성격은 그녀가 복잡한 사람이라는 이미지를 심어주었다. 그리고 이런 이미지에 힘입어 그녀는 권력을 쥐게 되었던 점을 곰곰이 분석해 보아야 할 것이다.

이처럼 사람들의 관심을 끌기 위해서는 외모와는 상반되는 성격을 보여줄 필요가 있다. 그래야 알 수 없는 깊이와 신비감을 조성할 수 있는 것이다. 귀여운 얼굴에 동심에 젖은 듯한 천진난만한 외모를 지니고 있다면, 어딘가 모르게 고뇌에 가득한 어두운 분위기, 정체가 모호하지만 때로 긴박감과 긴장감을 주는 듯한 분위기를 연출할 줄도 알아야 한다. 또한 이성적인 사람으로 알려져 있다면, 비이성적인 측면도 가지고 있는 것처럼 분위기를 조성하라. 이때 주의점은 단순히 말로 떠드는 것이 아니라, 자연스럽게 태도에서 묻어나야 한다.

배우 에롤 플린은 소년처럼 천진한 얼굴에 약간은 구슬픈 듯한 표정을 짓곤 했다. 하지만 여성들은 그의 이런 외모 이면에 도사리고 있는 약간의 잔인함과 위험천만한 분위기, 그리고 위험한 성격을 감지할 수 있었다. 그의 상반된 모습은 대중을 강하게 사로잡았다. 비슷한 예로, 여성 중에는 마릴린 먼로를 꼽을 수 있다. 그녀는 소녀 같은 얼굴과 목소리를 가지고 있었지만, 그녀의 내부에서는 매우 관능적이면서도 섹시하고 야한 분위기가 강하게 뿜어져 나왔다. 17세기 프랑스 사교계를 주름잡았던 니농 드 랑클로의 외모는 더없이 여성스러웠다. 그녀를 만나본 사람들은 적극적이고 독립심이 강한 성격에 다소 놀라곤 했다. 그러나 그녀는 이런 모습을 살짝만 내보였을 뿐이었다. 이런 2가지 성향을 어떻게 적절히 섞어야 할지에 대해서는 자신만의 감각으로 터득해서 가장 매력적인 분위기를 자아내야 한다. 오스카 와일드는 외모와 태도에서는 매우 여성스럽게 보였지만, 그 이면에는 남성과 여성 모두를 빨려 들게 하는 강한 남성미가 숨겨져 있었다.

이 같은 원칙들은 이성을 유혹할 때뿐 아니라 여러 분야에 적용된다. 대중의 관심을 끌기 위해서는 때마다 서로 다른 모습을 보여주어야 한다. 어느 한 가지 성격만 집중적으로 내보이면, 비록 전문지식이나 능력처럼 긍정적인 측면이 강한 경우라 하더라도 사람들은 인간성이 결여되어 있다고 생각한다.

인간은 복잡 미묘한 존재다. 우리의 내면은 모순된 충동들로 가득 차 있다. 어느 한쪽 면만 계속 보여줄 경우, 그것이 아무리 좋은 면이라 하더라도 사람들의 부정적인 감정을 건드리게 된다. 일관되게 어느 한 면만 보이는 사람을 위선자라고 생각하곤 한다.

놀랍게도 살아생전 성인으로 추앙받았던 마하트마 간디는 대중 앞에서 분노와 복수의 감정을 고백하기도 했다. 현대 미국 정치인 가운데 가장 뛰어난 유혹자로 명성을 날린 존 F. 케네디는 한마디로 걸어다니는 역설이었다고 할 수 있다. 그는 동부의 귀족 출신이었지만 평민과 열렬히 사랑에 빠졌고, 전쟁 영웅으로서 남성다운 강한 면모를 과시했지만 그 이면에는 상처 입기 쉬운 감성적인 성격이 숨어 있었다. 그리고 지식인이었으면서도 화려한 대중문화를 사랑했다. 사람들은 그런 케네디에게 속수무책으로 끌려왔다. 밝은 외관은 단순히 장식적인 효과만을 낼지 몰라도, 정작 사람들의 눈길을 그림 속으로 잡아끄는 것은 설명하기 힘든 모호함과 초현실적인 복잡함이다.

07
감정으로
이성을 마비시켜라

다른 사람의 가슴에 불길이 타오르려면 그 불길이
당신의 가슴 속에서 먼저 타올라야 한다. • 키케로

21세기는 감성의 시대다. 감성은 논리나 이성과 다르다. 지금은 스피치를 포함해 어떤 분야에서든 유혹의 기술이 절실히 요구되는 시대다. 자기가 원하는 것을 속이거나 강압적인 방법으로 손에 넣을 수 없기 때문에 교묘하고 부드럽게 사람들을 설득하는 능력이 요구된다.

사람은 감정의 동물이다. 결코 이성적이지 않고 편견과 선입견으로 가득 차 있다. 상대방의 마음에 불을 붙이려면 감정에 호소해야 한다. 이를 위해 꼭 필요한 것이 경청과 감정 이입, 또 분위기와 타이밍에 맞는 센스 있고 군더더기 없는 말이다. 말은 사람을 움직인다. 한비자는 "설득의 기본은 상대방의 정서와 마음을 파악하는 데서 비롯된다"고 말했고, 아리스토텔레스도 사람의 마음을 설득할 때는 "로고스(Logos), 즉 이성보다는 파토스(pathos)

가 더욱 강력하게 작용한다"고 했다. 이처럼 사람을 설득하는 것은 이성이 아니라 '감성'이다.

스피치를 잘하기 위해서는 '마음'을 움직일 수 있는 설득 포인트가 있어야 한다. 가슴으로 느끼면서 말하라. 준비한 원고만 의지하면 말의 내용이나 표현이 건조할 뿐만 아니라 전달력이 떨어진다. 가슴으로 느껴서 말하면 그 말은 살아 움직여 청중의 마음을 파고든다. 감정은 청중의 마음을 움직이고 설득의 목적을 강화할 수 있는 강력한 수단으로, 청중의 판단력에 영향을 미치게 하는 슬픔, 분노, 두려움, 동정심, 향수, 자부심, 행복, 기쁨 등을 불러일으킬 수도 있다. 즉 감정에 호소해서 청중으로부터 연사가 원하는 반응을 이끌어낼 수 있다.

실제로 우리는 논리보다 감정에 치우쳐서 결정을 내릴 때가 종종 있다. 생각이 아니라 느끼게 만들어야 한다. 사람들은 감정적 경험을 즐긴다. 유난히 인기 있는 TV드라마나 영화를 보면, 사람들의 감정을 자극하는데 초점을 맞췄다는 것을 알 수 있다. 스피치에 성공하고 싶다면 청중의 사고력과 생각하려는 의지에 호소하기보다 그들의 감정을 과녁으로 삼아야 한다. 청중의 감정을 먼저 끌어들이고 나서, 그 이후에 이론을 전개하고 논리적이고 합리적인 방법으로 밀고 나가는 것이 보다 쉽고 빠르다.

가령 교회 설교를 할 때도 마찬가지다. 천국에 대한 소망이 있고 생각만 해도 천국이 좋다면 무미건조하게 "천국은 좋은 곳입니다"라고 말할 수 없다. "천국은 정~말 좋~은 곳입니다!"라고 기쁨과 기대감을 넣어 말한다. 설교자의 말만 들어도 천국이 얼마나 좋은지 짐작할 수 있을 정도로 말이다. 성도들은 상상하게 된다.

'눈에 보이진 않지만 천국은 정말 좋은 곳일 거야. 얼마나 좋으면 목사님이 저렇게 가슴 벅차 하실까?'

말하는 사람이 상상할 때 듣는 사람도 상상하며 따라오게 된다. 자신이 상상하지도 않으면서 듣는 이가 상상할 수 있기를 바라는 건 어불성설인 것이다. 이처럼 청중의 감성이나 감정이 설득 수단이 되는 이유는 청중이 판단할 때 이들의 감정 상태가 중요한 변수가 되기 때문이다.

뇌 과학자들 역시 결정을 내릴 때 주로 감정에 의존한다고 공통적으로 말하고 있다. 요즘음 소비자의 감성이나 감정에 영향을 미치는 커뮤니케이션을 통한 마케팅 활동을 '감성 마케팅'이라고 부른다. 이 역시 파토스(일시적인 격정이나 열정. 또는 예술에 있어서의 주관적·감정적 요소)를 이용한 설득 방법이라고 할 수 있다. 스피치의 본질은 사실과 정보 전달을 넘어 감동과 설득, 그리고 궁극적으로는 행동으로 이어지도록 하는 것이다. 그런데 연사가 남 이야기하듯 건조하게 말하면 청중은 반응하지 않는다.

말도 아름다운 꽃처럼 그만의 색깔과 향기를 지녔다. 논리가 고유한 색깔이라면 향기는 열정이다. 논리와 열정이 함께 있어야 청중이 진정으로 감동과 감화를 받는다. 그래서 대중연설을 중요시했던 나치나 공산당은 두 범주를 합쳐서 선전선동(宣傳煽動, Propaganda agitation)이라고 했지 않던가. 일단 내가 먼저 나의 색깔과 향기에 푹 빠질 수 있어야 한다. 그때야 청중은 설득의 세계로 빨려 들어온다.

그런데 감정에 호소하는 스피치는 연습만으로 쉽게 되는 것이 아니다. 평소 연기자처럼 감정의 선을 유지하며 자신의 스피치에 푹 빠져야 가능해진다. 그래서 과거 명(名) 연사는 시와 희곡을 많이 낭송했다. 특히, 링컨은 청소년기에 윌리엄 스콧의 '낭독법 수업'을 통해 데모스테네스, 키케로, 카이사르 등의 연설을 익혔다. 링컨은 카이사르를 암살한 브루투스와 그에 맞서 시저를 옹호하는 안토니우스의 연설을 자주 낭송했다.

"나는 카이사르를 덜 사랑했기 때문이 아니라 로마를 덜 사랑했기 때문에 그를 죽였습니다."

"내가 여기에 온 것은 카이사르의 장례를 지내기 위함이지 그를 찬양하러 온 것이 아닙니다. 사람이 저지른 잘못은 죽어도 남지만 그 사람의 선행은 뼈와 함께 묻혀 버립니다. 카이사르가 로마에 한 선행을 기억하십시오."

링컨은 이처럼 대립하는 두 연설을 낭송하면서 감정적 말하기의 기본을 닦았다.

노무현 대통령도 감성적 호소를 적절히 활용한 연설가였다. 2002년 대선에서 장인이 좌익 출신이라는 상대 후보의 비판에 대해서 그는 "사랑하는 아내를 버리느니 차라리 대통령 후보직을 버리겠습니다"라고 감성적으로 표현했다. 노무현 후보는 이 한마디로 수많은 여성의 심금을 울렸다. 이 말은 '노무현의 눈물'이라는 TV 광고와 함께 대통령 당선에 큰 영향을 미쳤다.

이처럼 사람을 설득하려면 머리보다는 감정에 호소해야 한다. 감정을 자극할 때는 가능한 강한 감정에 호소해야 한다. 예를 들어 다른 사람들로부터 증오심을 이끌어내려면 먼저 자신부터 그런 증오심을 느껴야 한다. 그래야 설득력이 있다. 감정은 전염성이 있다. 우는 모습을 보여주면 그것을 보는 사람들도 슬픈 마음이 생겨 함께 운다. 목소리를 악기처럼 사용해 감정을 전달할 수 있도록 하라. 나폴레옹도 당시 유명한 배우들을 연구하면서 종종 목소리에 감정을 싣는 방법을 연습했다고 한다.

사람들은 삶의 어려움을 보상받기 위해 성공과 모험, 로맨스로 가득한 삶을 공상하곤 한다. 사람들은 자신의 꿈을 이루어줄 수 있는 환상을 심어줄 누군가의 유혹을 기다린다. 그런 사람들을 유혹하려면 먼저 서서히 신뢰를 쌓다가 점차 그들의 욕망을 실현시켜줄 환상을 제공하면 된다. 사람들의 억눌린 욕망이나 갈망에 초점을 맞추어 억제할 수 없는 감정을 세워 이성적인 판단을 내릴 수 없게 만들어야 한다.

환상을 믿게 하려면 일단 그들의 감정을 자극시켜야 한다. 감정을 자극하는 가장 좋은 방법은 '상대의 실현되지 않은 욕구, 즉 그들이 간절히 바라는 소원이 무엇인지 알아내 공략하는 것'이다. 감정에 호소하자. 이성적이고 직접적인 논쟁으로 메시지를 전달하려고 해서는 안 된다. 그 방법으로는 청중의 관심을 끌 수 없다. 머리가 아닌, 가슴을 움직여라. 열정, 사랑 등 감정을 건드릴 수 있는 말과 이미지를 개발하라. 미래에 대해 꿈꾸게 만들라.

그러면 사람들의 관심을 끌기가 훨씬 쉬워진다. 이로써 당신의 진짜 메시지를 전달할 수 있는 충분한 과심과 적당한 공간이 확보된다.

카사노바는 화려한 의상을 직접 디자인해 입고 세련된 매너와 재치로 축제나 가면무도회에서 항상 인기를 누렸다. 감성적 쾌락주의자인 그에게 여성들이 흔쾌히 마음의 문을 연 것은 '감성'이라는 무기가 있었기 때문이다.

감정(emotion)이란 말은 생각이 아니라 느낀 경험이다. 긍정적인 감정은 기분을 좋게 만들고, 정서적으로 강한 유대감을 갖게 해준다. 카사노바도 여성들에게 감성으로 접근했다. 그는 여러 물건이 가득 담긴 트렁크와 커다란 이동식 옷장을 가지고 여행했다. 그 안에는 그가 유혹할 여성들에게 선물할 부채나 보석, 장신구 따위가 들어 있었다. 그는 말할 때나 행동을 할 때도 자신이 읽었던 소설이나 예전에 들었던 이야기를 참고해 그대로 재현했다. 또 낭만적인 분위기를 한껏 고조시켜 상대방의 감각에 호소했다.

비단 연애에서만 감성이 중요한 것은 아니다. '사람들은 이성으로 물건을 구입하는 것이 아니라 감성으로 구입하고 이성으로 합리화시킨다'는 말이 있다. 이처럼 오늘날 마케팅에서 가장 중요하게 다뤄져야 할 핵심 키워드는 '감정과 감성'이다.

지난 2008년 미국 대선에서 민주당의 오바마와 공화당의 존 매케인이 맞섰을 때 정책의 차이가 컸던 것은 아니었다. 둘 다 잘사는 나라 만들기 정책을 국민에게 호소했다. 얼마나 많은 사람을 감동시킬 수 있느냐에 따라

성패가 갈렸다. 그래서 선거용 연설문은 어떻게 더 감동을 줄지 치밀하게 고민한 뒤에 작성되어야 한다.

지금은 단순히 물건만 판매하려고 해서는 실패하고 만다. 우리 앞에 놓인 비즈니스 세계는 감성 시대다. 멋, 디자인, 재미, 개성, 감정, 영혼 등이 바로 감성의 영역이다. 감성의 시대엔 생각보다는 느낌이 더욱 중요하다. 제품의 스토리를 팔거나, 감성을 자극하는 방법을 찾아야 고객의 마음을 얻을 수 있다. 소비자들은 물건을 사기보다는 물건 속에 담긴 이야기와 꿈, 그리고 이미지와 같은 눈에 보이지 않는 것들을 산다.

인간은 생각하기 전에 감정을 먼저 느끼는 존재다. 이젠 감동을 주지 않으면 경영이든 마케팅이든 스피치든 마음을 얻지 못한다. 전략과 신기술도 중요하지만 깊은 감동 없이는 종업원이나 소비자의 마음을 움직일 수 없다. 감성의 시대, 감성경영이 곧 창조경영이다. 스타벅스는 단지 커피를 판매하는 곳이 아니라, 커피를 마시면서 즐겁고 친밀한 분위기를 느낄 수 있는 감성적 경험을 체험할 수 있는 문화공간이다. 마케팅의 모든 분야가 감성으로부터 멀어지는 순간 성공으로부터도 멀어진다. 이처럼 감성의 시대에 걸맞게 스피치를 할 때에도 청중의 마음을 사로잡기 위해 감성적으로 접근하는 방법을 익혀야 할 것이다.

08
신비스러운 기풍과
카리스마를 품어라

카리스마는 법률과 전통 다음으로 중요한 권위이다.
• 막스 베버

    사람들은 뭔가 색다른 것을 선호한다. 유혹자로서 성공하려면 남들과는 다른 색다른 분위기, 마치 저 먼 세계에서 온 것 같은 분위기를 연출해야 한다. 지루한 일상과 완전히 구분되는 파격적이라는 인상을 심어줄 수 있어야 한다. 주변을 상대가 돌아본 순간, 삶이 지루하고 친구들도 모두 재미없다는 느낌이 들게 만들어야 한다. 항상 적당한 신비감을 유지하라. 쉽게 판단할 수 없게끔 거리감을 조성하면 설렘을 지속시킨다. '저런 모습이 있었구나!'라며 신선한 인상을 줄 수 있다. 언젠가 신비감은 사라지기 마련인데, 그때는 미래에 대한 기대감으로 상대방의 호기심을 자극시키면 된다.

    또 다른 비즈니스, 세일즈 그리고 스피치의 성공비결은 단연 카리스마에 있다. 사람은 카리스마가 느껴지는 사람에게 매료된다. 그것은 말로 표현할 수 없는 강한 이끌림이다. 카리스마는 강력한 매력인 것이다. 사람들과의 관계를 크게 발전시킬 수 있는 가장 효과적인 방법은 내가 카리스마 넘치는 사람 즉, 강한 매력을 지닌 사람이 되는 것이다.

> ● 국어사전
>
> 매력 - 사람의 마음을 사로잡아 끄는 힘.

매력은 당당함에서 풍겨 나온다. 또한 실력, 미소, 열정, 긍정적이고 밝은 모습, 박력 등을 보일 수 있어야 한다. 무엇보다 자신을 갈고 닦아 스스로를 빛나게 해야 한다. 그러면 사람들이 모여든다. 카리스마는 불가사의한 힘, 상대방을 끌어당기는 강한 흡입력이다. 카리스마 넘치는 사람 중에는 달변가가 많다. 이런 사람들에게는 추종자와 팬이 생긴다. 지금은 종교 지도자나 정치지도자뿐만 아니라 대중스타에게도 필요로 하는 자질이다. 더 나아가 CEO, 세일즈맨에게도 필요하다.

카리스마는 처음 보는 사람에게까지 맹목적인 호감을 갖게 한다. 또한 사람들이 따르고 싶고 함께 있고 싶게 만든다. 지금 시대에서는 자신만의 카리스마를 개발하지 못하면 수많은 경쟁자들 사이에서 자신감을 잃고 방황하고 결국 뒤처지게 된다. 자신만의 매력과 장점을 무기로 한 카리스마를 하루 빨리 발견하고 연마해야 한다. 그것이 자신만의 멋지고 경쟁력 있는 브랜드를 만드는 지름길이다.

역사적으로 수많은 위인들은 강렬한 카리스마의 소유자들이었다. 그중에서도 필자에게 떠오르는 카리스마의 대명사는 영국의 처칠 수상이다. 그는 마치 한 마리 사자와 같은 모습을 하고 있었고, 심플하면서도 강렬한 메시지를 전달하는 그의 연설은 대중을 열광시켰으며, 노벨 문학상을 수상할 정도의 필력과 탁월한 유머감각은 모든 사람을 매료시키기에 충분했다. 사람들은 카리스마 넘치는 사람을 보면 즉시 알아본다. 테레사 수녀, 넬슨 만델라, 카스트로와 케네디 대통령, 마오쩌둥과 히틀러, 그리고 처칠과 루스벨트 대통령 등 이들은 모두 잘생긴 얼굴은 아니다. 자신을 넘어서는 그 무엇, 전체를 위한 신념과 자신만의 독특한 가치관을 지닌 사람들이다.

카리스마 넘치는 인물들은 차원이 완전히 다른 탁월한 화법을 구사한다. 케사르나 케네디, 히틀러와 같이 카리스마 넘치는 사람들의 말에는 대중의 심장을 뛰게 하는 그 무엇이 있다. 카리스마를 완성시키는 자질은 불타는 열정과 자신감이다. 다른 사람의 시선을 의식하지 않고, 자신의 일에 관해서는 최고라는 자신감이 있다.

특히 힐러리 클린턴의 장점은 남성 못지않은 카리스마와 리더십이다. 빌 클린턴 전 대통령의 섹스 스캔들로 골머리를 앓았던 그녀는 대중 앞에서는 남편을 보호하면서도 백악관에서는 남편에게 휴대전화를 던지며 마구 욕설을 했던 것으로 유명하다. 미국인들이 그녀에게 바라는 것은 예쁜 얼굴과 잘 가꾼 몸매가 전혀 아니다. 무엇에도 흔들리지 않는 강력한 카리스마임에 틀림없다.

누구나 카리스마를 지닐 수 있다. 당신도 카리스마를 지니기 위해 노력하라. 그것은 개발되고 발전되는 역량이다. 카리스마는 세상을 이끄는 강력한 힘이며, 개인에게 주어진 축복이자 특별한 에너지다. 영업이나 비즈니스, 그리고 스피치에서 성공하는 사람들을 보면 대부분 강한 카리스마의 소유자들이다. 또 성공한 기업 뒤에는 반드시 카리스마 넘치는 창업자가 있다. 성공한 사람들은 예외 없이 자신만의 카리스마를 지닌 사람들이다. 특히, 세일즈의 세계에서는 강하게 각인되는 자만이 살아남는다. 카리스마가 있으면 강하게 각인된다. 말과 행동에 자신만의 원칙과 방향성과 일관성을 가지면 사람들 사이에서 휘둘리지 않고 소신과 카리스마를 갖추게 된다. 이처럼 카리스마를 갖고 있다는 것은 자신만의 신념을 가지고 있다는 증거다. 이렇게 자신의 신념을 따르다 보면 자신감이 생기고, 그 자신감은 카리스마가 된다. 진정한 카리스마를 지니기 위해서는 자신을 넘어서는 법을 배워야 한다. 그것은 분명한 목적과 오직 자신만을 위한 것이 아닌, 이타적이고 선한 마음에서 온다.

특히 사람의 외모 중 가장 강한 인상을 남기는 것은 눈이다. 카리스마가 있는지 없는지는 눈빛만 딱 봐도 알 수 있다. 히틀러나 호메이니, 가다피 같은 사람들의 눈빛은 매우 강력하다. 눈은 사람과 사람을 연결해주고 교감하게 하는 도구이다. 카리스마 있는 눈은 사물을 날카롭게 통찰하는 눈이다. 힘 있고 강한 눈을 가져라.

박지원의 소설 《허생전》에서도 허생원에게 돈을 빌려준 변부자는 허생원의 담보력을 보고 돈을 빌려준 게 아니었다. 오직 그의 박력에 반해 돈을 빌려준다. 박력이란, 상대방의 마음을 자극하는 강력한 카리스마의 일부분이다. 우리에게는 지식이나 지혜보다는 박력이 절대적으로 필요하다.

카리스마 넘치는 사람은 첫 만남에서 가슴속에 깊은 인상을 심는다. 내면에 숨어 있는 열정과 신념이 밖으로 표출된 것이 박력이다. 박력은 카리스마의 중요한 자질이다. 카리스마는 비언어적 형태의 설득이라고 할 수 있다. 탁월한 리더들이나 탁월한 세일즈맨들은 자신이 사람들에게 남기는 인식의 절반 이상이 말을 통한 것이 아님을 잘 알고 있다. 감정 전달의 7%만이 언어를 통해서 이루어지고, 55%는 비언어적인 형태로 이루어진다는 메라비언의 연구도 잘 알려져 있다. 사람들이 바라보고 느끼는 것이 말보다 훨씬 더 중요하다는 것이다.

사람들은 카리스마 넘치는 사람들, 이를테면 콜린 파월이나 콘돌리사 라이스, 달라이 라마를 만났다는 말을 할 때, 그 사람의 범상치 않은 포스나 아우라, 그리고 존재감에 대해 곧잘 언급한다. 존재감은 카리스마의 정수이고 나머지 모든 것을 떠받치는 근간이다. 위대한 존재감을 만드는 것은 그 사람의 신념, 가치관 등 정신적 기저에서 우러나오는 '품격 있는 파워와 인간미(정)'이다. 이 2가지가 모두 차고 넘친다는 인상을 주기만 하면 된다. 카리스마는 이 두 자질의 조합과 관련되어 있다.

09
타오르는
눈빛으로 말하라

다른 사람에게 붙이고 싶은 불길이 그대의
가슴속에 먼저 타오르고 있어야 한다. • 키케로

권투에서의 승부는 최초의 눈싸움에서 결정 난다고 할 수 있다. 이는 일종의 기 싸움인 것이다. 청중 앞에 섰을 때에 무수히 날아와 자신에게 꽂혀지는 수많은 시선에 겁먹지 말고 자신감을 갖아야 한다. 그 시선들을 침착하게 받아들이는 여유가 있어야 진짜 프로로 거듭날 수 있다. 자기 이야기가 청중에게 얼마나 잘 전달되는지, 청중이 얼마나 이해하고 공감하는지를 제대로 파악하는 데에 눈빛 교환만 한 것이 없다. 청중의 태도에 따라 억양을 조절하고 표정에 역동적인 변화를 주며 자신감에 찬 빛나는 눈빛을 보내야 한다.

패션의 화룡점정은 가방이고, 스피치의 화룡점정은 눈빛이다. 자신감 있는 눈빛은 스피치의 완성도를 높여 준다. 동시에 눈빛은 상대와 교감을 위한 출발점이기도 하다. 특히, 사람들은 눈빛에 매우 민감하다. 애완견들도 주인의 눈빛을 읽는데 하물며 사람이 눈빛을 못 읽을 리 없다. 따라서 스피커는 눈과 입으로 동시에 말해야 한다.

말할 때 가능한 모든 사람에게 골고루 눈빛을 분산하고 자연스러운 시선 처리를 해야 한다. 시선을 어디에 둬야 할지 몰라 난데없이 천장을 보거나 쉴 새 없이 산만하게 움직이면 청중은 불안해질 수밖에 없다. 스피커는 계속적으로 콘텐츠에 맞는 적절한 분위기의 눈빛을 청중에게 보내야 한다. 연기자들이 대본에 따라 눈빛을 달리하며 변화를 주듯, 스피커도 콘텐츠에 따라 부드러운 눈빛과 웃는 눈빛, 때론 강렬한 눈빛 등 콘텐츠에 맞은 눈빛을 표현해낼 줄 알아야 한다. 눈이 콘텐츠를 표현하지 않으면 청중은 단번에 알아차린다. 그렇게 되면 전달력은 반감되기 마련이고 마음으로 와 닿는 스피치가 어려워진다.

특히 눈빛과 말이 일치하지 않는다면 진정성이 줄어들고, 당연히 청중은 그런 스피커의 메시지에 마음을 열고 제대로 귀 기울일 수 없게 된다. 가령 재미있는 이야기를 할 때는 눈도 따라 밝게 웃어야 하고, 비전을 말할 때는 반짝 빛나는 섬광을 발산하고, 진심을 말할 땐 그에 걸맞게 진지한 눈빛을 보내야 신뢰를 얻는다. 스피커가 건성으로 말하는지, 준비된 말인지, 임기응변인지, 진심이 담긴 말인지 아닌지 눈빛이 먼저 알려준다.

이처럼 안정적인 느낌을 주고 신뢰감을 쌓기 위해서는 청중에게 눈빛 하나로 당신은 소중한 사람이라는 인식을 심어 주어야 한다. 청중은 스피커와 눈이 마주친 사실만으로도 뿌듯해하고 강한 존재감을 느낀다. 청중과의 따스한 눈맞춤은 결코 간과하지 말아야 할 요소이다. 그러기 위해서는 스피치하는 내내 청중과 열렬한 눈맞춤을 해야 한다.

많은 대중 앞에 서본 사람이라면, 수십 혹은 수백 개의 눈동자가 자신을 향하고 있을 때의 긴장감과 뭔가 압도되는 느낌을 경험해본 적이 있을 것이다. 이를 피하고 싶어 시선을 허공이나 바닥, 슬라이드 자료에만 두면서 청중과의 눈맞춤을 애써 외면했던 적도 물론 있었을 것이다. 그러면 마음은 더욱 위축되어 청중과의 진정한 소통은 멀어진 채 일방통행 스피치만 하게 된다. 발표자가 청중과 눈맞춤을 적극적으로 하지 않으면, 청중도 당연히 발표자를 바라봐주지 않는다. 어렵고 쑥스러운 기분이 들어도 일단 따뜻하게 눈을 마주치려고 노력해야 한다. 오직 진실된 눈빛만이 진심과 열의, 확신에 찬 마음을 전달할 수 있기 때문이다.

물론 낯선 사람들과의 눈맞춤은 누구나 어려운 법이다. 더구나 다수의 사람들을 골고루 바라보면서 스피치를 자연스럽게 하기는 여간 훈련된 사람이 아니고서야 결코 쉬운 일이 아님은 충분히 이해한다. 그러나 어렵다고 계속 피하기만 할 수는 없다.

좀 더 편안한 아이컨텍을 위해서는 다음과 같은 방법을 사용할 수 있다. 다소 긴장을 많이 느끼는 스피치의 초반엔 당신에게 호의적인 사람들 위주로 눈맞춤을 해본다. 예를 들어 따뜻한 미소를 지어 보이거나 고개를 끄덕여주는 공감을 표현해주는 고마운 사람 몇 명을 바라보면서 먼저 시작해보는 것이다. 훨씬 마음이 편해진다. 그리고 나면 초반의 긴장감이 어느새 눈 녹듯 풀리면서 무표정한 사람들에게도 따스한 눈빛을 보낼 수 있는 깡과 여유가 생긴다.

> 📄 적절한 시선 처리를 위한 방법
>
> 1. 전반적으로 내 시선에서 소외되는 사람이 없도록 청중을 골고루 쳐다본다.
> 2. 가상의 지그재그를 그리면서 한 사람, 한 사람과의 눈맞춤을 연이어 하는 느낌으로 시선이 자연스럽게 옮겨져야 한다.
> 3. 한 번 눈이 마주치면 1~3초 정도로 안정된 시선이 머무르도록 하자.

청중을 바라볼 때는 진심 어린 따뜻한 눈빛이어야 한다. 마치 사랑하는 사람을 바라볼 때 눈모양이 절로 하트가 되듯 그러한 존중과 애정을 담아야 한다. 그 눈빛이 청중의 영혼을 터치하고 강한 흡인력으로 마음을 사로잡는다.

이처럼 스피치에서 청중과의 아이컨텍은 발표자와 청중 간의 연결고리라고 할 수 있다. 스피치가 진행되는 동안 발표자의 시선이 청중을 향해 있어야 원활한 소통이 이루어질 수 있다. 눈맞춤은 발표자와 청중을 하나로 이어주는 끈과 같은 것이다. 눈은 제2의 입이라고 할 수 있다. 가끔은 발표자와 청중의 제대로 된 눈맞춤 한 번이 열 마디 말보다 더 효과적으로 느낌을 전달해줄 수 있다.

또한 아이컨텍은 청중의 실시간 반응을 읽을 수 있는 좋은 지표이기도 하다. 지금 내가 발표하는 내용에 대해서 청중이 어떻게 반응하고 있는가를 알 수 있는 가장 쉬운 방법은 청중의 눈을 통해 전해지는 피드백을 그대로 느끼는 것이다. 만일 이야기를 전해 듣는 청중의 피드백이 지루하거나 관심 없어 보인다면 이 부분은 빠르게 생략하여 넘어가고, 이해가 잘 안 되거나 의문을 갖는 눈치가 보이면 정확하게 한 번 더 짚어주는 등 청중의 반응에 따라 지혜롭게 대처해야 한다. 이렇게 발표자가 센스를 발휘할 수 있는 것은 아이컨택이 가능하기 때문이다.

또한 아이컨택은 자신감과 신뢰감의 상징이다. 〈발표자의 청중에 대한 주시율과 인물 평가 관계〉에 따른 연구에 따르면 발표자의 '청중에 대한 주시율이 말 전체의 15% 이하일 경우에는 냉정하고 미숙하다는 인상을 심어 주고, 반대로 80% 이상일 경우에는 자신감 있어 보이고 능숙한 인상'을 준다고 한다. 즉 똑같은 내용을 전달해도 청중과 눈을 맞추느냐 맞추지 않느냐에 따라 청중에게 전혀 상반된 평가를 받게 되는 것이다. 따라서 확신에 찬 모습을 청중에게 보이길 원한다면 청중과의 눈맞춤을 피하지 말고 여유 있게 즐길 줄 알아야 한다.

청중도 발표자에게 주목받고 싶어 하는 심리가 있다. 학창 시절 수업시간을 떠올려 보라. 선생님이 자신을 바라보면 설사 딴생각을 하더라도 열심히 수업을 듣는 자세를 취하며 최대한 집중력을 발휘해서 듣기 위해 노력한 기억이 있을 것이다.

스피커의 주목을 받은 청중은 더욱 호의적으로 프레젠테이션을 바라보게 된다. 그렇기에 소외되는 청중이 없도록 골고루 눈맞춤을 하고 시선 처리에 여유로움을 담아 표현해야 한다.

10
남자는 시각에
약한 동물이라고?

자신감은 성공으로 이끄는 제1의 비결이다. • 에디슨

남자만 시각에 약한 것이 아니다. 모든 사람이 시각에 약하다. 효과적인 스피치를 위해 시각을 공략하라. 오늘과 같은 디지털 세대는 '백문이 불여일견'이라는 말처럼 보는 것을 즐기고 눈으로 봐야 하는 시대다. 보는 것보다 듣는 것만을 좋아하는 사람은 없을 것이다. 이미 모든 일상에서 다양한 볼거리에 익숙한 현대인들이 아무런 볼거리 없이 별 흥미 없는 강의나 설교에 30분 이상 집중하기란 여간 피곤한 일이 아니다.

스피치의 본질은 메시지 전달에 있다. 그래서 모든 활용 가능한 디지털 미디어를 활용하는 것도 좋은 방법이다. 가령 강의나 발표, 설교 등 스피치하는 것이 두렵다면 시각자료를 활용하는 것이 좋다. 시각자료 자체가 청중의 시선을 끌기 때문에 설교자에게 집중되는 시선을 분산시키는 효과를 주기 때문이다. 스피커 또한 청중들을 바라보아야 하는 부담감에서 벗어날 수 있어 한결 편한 상태에서 안정감 있게 말을 전할 수 있다. 그렇다고 계속 시각자료만 쳐다보면서 말하는 것은 좋지 않다. 청중과 적당히 눈빛을 교환하며 지속적으로 교감하면서 말할 수 있는 여유를 갖자.

시각자료의 가장 큰 장점은 스피커가 전하고자 하는 메시지를 보다 명확하고 입체적으로 전달해준다는 점이다. 스피커는 주장하고자 하는 의미를 좀 더 분명하게 전달할 수 있고, 청중들은 쉽고 명확하게 이해할 수 있는 것이 바로 시각자료다. 말로만 전했을 때보다 시각자료를 보여주었을 때 더욱 쉽게 감정 이입이 되는 것은 말할 나위가 없다. 뿐만 아니라 시각자료는 청중들의 쉽고 빠르게 이해하며 오래도록 기억에 남는다. 가령 매우 흥미로운 시각자료를 보고 나면 그 인상이 오래 남기 때문에 그와 관련된 설교 내용도 잘 지워지지 않았던 기억이 있을 것이다. 발표 내용에 걸맞은 동영상 자료를 편집해 보여 주는 것도 매우 좋은 방법 중 하나이다.

또한 시각자료는 제시하고자 하는 대상이나 사실을 더욱 생생하게 보여 주는 효과가 있다. 스피치가 시작되면 진지하게 경청할 수 있지만, 5분 정도 지나면 점점 자세가 흐트러지고 메시지의 맥을 놓치고 딴생각을 하기 쉽다. 아무런 시각자료 없이 말로만 설명한다면, 초점을 고정할 대상이 매우 빈약한 청중의 입장에서는 집중력이 떨어지기 마련이다. 이때 시각자료를 사용하면 청중들의 흥미와 관심을 고취시키고 호기심을 자극하여 말에 더욱 흥미를 갖고 집중하게 된다.

그러나 시각자료는 어디까지나 보조자료에 지나지 않는다는 것을 명심해야 한다. 보조자료에 대한 설명을 너무 장황하게 늘어놓으면 자칫 스피치의 리듬이 깨지기도 한다. 맥을 그대로 이어가며, 자연스럽게 보조자료를 활용해야 한다. 따라서 시각자료에 대한 설명은 되도록 짧고 명쾌하게 해야 강렬한 인상을 남길 수 있다.

대표적으로 GE의 전 회장 잭 웰치는 자신의 비전과 계획을 효과적으로 전달하기 위해 시각자료를 적극 활용했던 사람이다. 그는 논리적이고 분석력이 뛰어나 도형이나 통계자료를 즐겨 이용하곤 했다. 어떤 개념을 설명할 때 3개의 원을 그려 단순하고 명확하게 보여주는 방식은 잭 웰치가 가장 자주 사용하는 방식이다. 3개의 원으로 구성된 그림은 놀랍게도 GE를 세계적인 초우량 기업으로 만든 초석이 되었다.

특히, 1980년대 단행한 GE그룹의 구조 조정은 뜻밖에 단순하고 명쾌했다. 세 개의 원 안에 폐쇄기업과 정리기업, 유지 기업을 분류한 뒤 경영진들과 주주들에게 비전을 제시해 설득했고, 구조조정은 성공했다. 그가 고안해낸 단순하고 명쾌한 시각자료의 위력은 실로 대단했던 것이다. 이처럼 시각적 연출로 효과적으로 설득해보자.

어느 대학의 학장이 학생들에게 훈화를 하기 위해 단상에 올라왔다. 인사를 한 뒤 학장은 주머니에 손을 넣고 땅콩을 꺼내어 껍질을 털면서 입속으로 한 알 한 알 던져 넣었다. 단상 위에는 땅콩 껍질이 사방으로 떨어져 흩어졌다. 그리고 이번엔 휴지를 꺼내 코를 푼 후에 두 손으로 구긴 다음 획

던져버렸다.

'도대체 학장님은 뭘 하고 계신 거지?'

학생들은 모두 어리둥절하고 황당한 표정으로 학장을 뚫어지듯 지켜보았다. 그러자 학장은 한술 더 떠서 담배를 꺼내 입에 물었다. 이어서 그는 불을 붙여 한 모금 빨고 하얀 연기를 토해내더니 곧 담배를 단상에 버리고 구두로 비벼 껐다. 단상 위는 순식간에 더러워졌다. 그런 후 학장은 학생들의 얼굴을 찬찬히 바라보며 입을 열었다.

"여러분, 강의실을 깨끗하게 합시다."

이 한마디를 던지고 그는 조용히 단상을 내려왔다. 이 얼마나 인상 깊고 멋진 설득법인가? 이 같은 학장의 생생한 웅변을 눈으로 새겨들은 학생들은 이후 강의실을 더럽히지 않았다고 한다.

프레젠테이션의 황제 스티브 잡스처럼 효과적으로 소품을 활용해서 발표해도 좋다. 그는 서류 가방에서 맥북을 꺼낸다. 청바지 뒷주머니에서 휴대폰도 꺼낸다. 새롭게 선보이는 제품이 얇고 가볍다는 인식을 현장에서 바로 심어준다. 단순히 말로 설명을 들었을 때보다 매우 빠르고 쉽게 받아들여질 수 있어서 많은 이들에게 오래도록 기억에 남는 발표로 회자되곤 한다. 이처럼 시각자료는 당연히 청중과 교감을 높일 수 있는 것이어야 한다.

최근 가장 많이 사용하는 시각자료가 파워포인트인데, 지나치게 슬라이드에 의존해 발표하는 연사가 종종 있다. 청중에게 거의 눈길을 주지 않은 채 슬라이드를 바라보면서 일방적으로 읽어나가면 연사가 자신들과 대화하지 않는다고 느끼기 때문에 상호간의 교감이 없는 일방적인 발표가 되어버릴 수도 있다. 또한 슬라이드에 지나치게 의존하는 것은 아직도 남 앞에 서서 말할 준비가 되어 있지 않다는 것을 의미하기도 한다. 시각자료는 연사 자신을 위해서가 아닌, 청중의 이해를 돕기 위해 준비한 자료이고 청중과 소통을 더욱 원활하게 하기 위한 매개체라는 사실을 잊지 말아야 한다.

당연히 시각자료는 청중의 이해를 보다 빠르고 쉽게 돕기 위한 것이어야 한다. 청중의 이해를 돕기 위해 슬라이드를 사용하기로 결정했다면 청중의 시각적 기억력을 높이는데 초점을 맞춰 슬라이드를 작성하는 전략이 필요하다. 사람의 두뇌는 글보다 이미지를 훨씬 더 잘 처리한다. 그렇다고 모든 이미지가 효과적인 것은 아니다. 가독성이 높은 텍스트 구성과 적절한 이미지 사용이 서로 조화를 이뤄진 자료로 구성되어야 한다. 그러기 위해서는 시각자료 작성 시 다음 내용을 유념할 필요가 있다.

시각자료 작성 시 유념사항

1. 최대한 단순하고 간결하게 만들어라.

2. 완전한 문장 대신 핵심 키워드를 주로 사용하라.

3. 통일감을 주는 어구로 표현하라.

4. 텍스트는 한 슬라이드에 최대 여섯 단어, 여섯 줄을 넘지 않도록 하라.

5. 텍스트의 메시지를 부각시키는 이미지, 차트, 그림, 비디오클립을 최   소한으로 사용하라.

6. 명조체 계열보다는 고딕체 계열의 글꼴을 사용하라.

7. 색상은 2~3가지 이내로 사용해야 좋다.

11
멋진 패션은
스피치의 날개다

자신을 값싸게 매긴다면 세상은 그대의 값을 올려주지 않을 것이다. • 미상

연사라면 청중이나 동료와 같은 스타일로 입거나 한 단계 더 잘 차려 입도록 노력해야 한다. 비언어적 소통은 메시지를 전하는 연사의 능력에 지대한 영향을 미치는 주된 요인이다. 청중과 눈을 맞추고, 목적에 맞게 움직이고, 자연스러운 몸짓을 취하면 청중과 진심으로 소통하는 능력이 강화된다. 청중은 연사가 입을 열기 전, 이미지를 먼저 전달받는다. 그리고 2분이 지나면 자신만의 평가를 내려버린다. 적절한 복장을 입거나 청중보다 한 단계 더 차려입으면 연사가 소통을 소중하게 여기는 신뢰감 있는 전문가라는 메시지가 전달되고, 청중을 존중하는 마음도 표현된다. 그래서 초기 2분 안에 청중을 휘어잡을 승부수를 곧바로 던질 수 있어야 한다. 외모도 연예인처럼 열심히 관리할 필요가 있다. 무조건 화려하게 차려

입으라는 것은 아니다. 현장 분위기에 가장 적합한 매력적인 복장이 당신의 스피치를 더욱 빛낼 것이다.

각종 시상식 때 여자 연예인들이 어떤 의상을 입고 나오는지 방송뿐 아니라 많은 사람들이 관심을 갖는다. 그래선지 여자 연예인들은 수천만 원에서 수억 원짜리 화려한 옷을 입고 레드카펫을 밟는다. 그럴싸한 옷이 없으면 시상식에 나가기 곤란하다 할 정도로 옷에 대해 심하게 집착한다. 이는 옷으로 자신의 미를 발산하고 더 나아가 자신감까지 얻기 위해서임에 틀림없다. 가령 우리가 집에서 추리닝을 대충 입고 있었을 때와 결혼식을 가려고 정장을 잘 차려 입었을 때의 느낌은 너무 다르다. 정장이나 예쁜 옷을 입으면 자신감도 생기고 한층 당당해져 말이 자연스럽게 더 술술 잘 나오고, 청중의 시선 또한 사로잡을 수 있다.

'옷이 날개다'란 말이 왜 나왔겠는가? 평상시에 옷이 날개라면 스피치에서 옷은 그냥 날개가 아니고 비행기의 날개와 같이 매우 중요하다. 옷을 대충 입는다면 제아무리 연예인이라고 해도 무대에서 시선 끄는 것이 그리 쉽지 않을 것이다. 국민가수 태진아 씨는 오십이 넘은 나이에도 불구하고 무대에 설 때면 알록달록 핑크색, 연두색 재킷을 입는다. 송대관 씨는 무대의상을 입으면 옷이 구겨질까봐 의자에 앉지도 않는다고 할 정도로 패션에 정성을 들인다. 이처럼 스타들의 각별한 숨은 노력을 들일 정도로 자기관리가 철저하기 때문에 오랜 기간 동안 국민의 사랑을 받고 있는 것처럼 보인다.

옷 다음으로 신경 써야 하는 것은 헤어스타일이다. 남자 얼굴의 70% 이상이 헤어스타일에 달려 있다는 말이 있다. 지금 바로 거울을 보고 좀 더 매력을 발산하고 온몸에 카리스마를 내뿜을 수 있는 스타일을 상상해보라. 당신의 패션을 바꾸면 스피치도 당연히 바뀐다. 이왕이면 다홍치마라는 말이 있다. 요즘 같은 미디어시대에는 이 말을 백 번 강조해도 지나침이 없다. 연예인이 성형수술을 하는 이유도 여기에 있지 않은가? 잘생기면 당연히 금상첨화다.

그러나 모든 사람이 미남, 미녀로 태어날 수 없다. 성형도 한계가 있다. 무조건 단점을 줄이고, 장점을 극대화할 수 있도록 해야 한다. 아인슈타인은 강의 직전 천진난만하고 우스운 표정으로 청중으로 하여금 무장해제 시켜버리기도 했다. 유태인들은 이런 아인슈타인을 역사상 최고 코미디언이라고 즐거워하기도 했다니 정말 흥미로운 일이 아닐 수 없다. 또한 스티브 잡스는 청바지와 티셔츠를 입고 해맑은 웃음을 지으며 여유 넘치는 모습으로 무대에 등장했다. 그의 참신한 연출로 인해 매번 청중은 함박웃음을 지으며 오늘 발표될 새로운 제품에 큰 기대감을 보이며 열광했다.

특히, 선거 당락을 좌우했던 역사적인 사건에서 패션과 이미지의 중요성은 더욱 두드러지게 나타난다. 1960년 9월 16일 저녁 8시 30분, 지상 최초로 대통령 후보자 간 TV토론회가 열렸다. 토론회는 3개의 TV채널과 라디오를 통해 미국 전역에 생중계되었고, 사진으로만 접할 수 있었던 후보자들의 생생한 모습을 보기 위해 1억 명 이상의 미국인들이 TV 앞으로 모여들었다.

토론의 주인공은 민주당 대통령 후보로 나선 존 F. 케네디와 공화당 후보인 리처드 닉슨이었다. 닉슨은 아이젠하워 행정부 시절부터 대통령을 역임하며 다양한 정치활동을 펼쳐왔던 터라 국민들 사이에서는 베테랑 정치인으로 널리 알려져 있었다. 그에 반해 정치 경험이 다소 부족했던 케네디는 무명에 가까운 신인일 뿐이었다. 당시 여론은 당연히 닉슨의 압승을 낙관했다.

　하지만 막상 TV화면을 통해 두 후보가 모습을 드러내자 사람들의 시선은 의외로 젊고 훤칠해 보이는 케네디에게 집중되었다. 짙은 감청색 양복에 구릿빛 건강한 얼굴로 TV 앞에 나타난 케네디는 여유 넘치고 매력적인 특유의 미소, 적절히 사용된 제스처, 자신에 찬 목소리와 외모로 온 국민의 호감을 한 몸에 받게 되었다. 이에 반해 닉슨은 회색 양복 탓인지 TV의 흑백 배경에 묻혀 빛을 발하지 못했고, 시종일관 옆얼굴만 보였다. 또한 40대 후반의 나이인데 자글자글한 주름으로 인해 모습은 다소 늙고 초췌하게 비춰졌다. 이런 모습은 당연히 정치인으로서의 신뢰감과 긍정적인 호감을 갖기 어려운 모습일 것이다. 게다가 유세로 지친 목소리는 박력이 없었고 초조하고 불안한 표정으로 '나 역시'만을 연발하고 있었다. 다음날 대세는 케네디 쪽으로 점점 기울어 케네디는 결국 11만 8500표라는 간발의 표차로 미국 역사상 최연소이자 최초의 로마가톨릭 교도로서 미국 대통령에 당선되는 쾌거를 이루었다.

　리더라면 이미지 메이킹에 더욱 목숨 걸어야 한다. 당신의 이미지는 스피치에 앞서 청중을 먼저 만난다. 스피치를 하는 순간 청중은 당신을 리더라고 생각하기에 철저한 자기관리와 이미지메이킹은 필수이다.

한편, 링컨은 노예제 폐지를 둘러싼 더글러스와의 논쟁으로 역사적으로 이름을 날리는 인물이 되었다. 그럼에도 불구하고 통합 대통령으로서의 이미지가 다소 부족했다. 수염은 날이 선 이론가를 온화한 이미지의 정치가로 변신시키기에 부족함이 없었다. 단점을 최대한 줄이면서 변신에 성공한 것이다. 고난의 정치인 김대중도 파란 넥타이와 파안대소(破顔大笑)로 '준비된 대통령'이라는 이미지를 만들었던 인물이다. 단점 극복이라는 측면에서 김대중 대통령은 링컨과 닮은 점이 많다고 볼 수 있다.

유명한 정치 리더의 이미지도 재탄생 과정 없이 있는 그대로의 모습으로는 결코 지금과 같이 위대한 성과를 거둘 수 없었을 것이다. 셀 수 없는 변화와 변신을 거듭한 뒤에 최선의 모습으로 당신 앞에 서 있는 것이다.

대통령 후보로서 처음 이미지 메이킹을 기획한 사람은 노태우 대통령이다. 그는 1987년 대통령 선거에서 '보통 사람'이라는 이웃집 아저씨 이미지를 만들어냈다. 당시 노태우 후보는 미국 레이건 대통령이나 일본 나카소네 수상의 서민적이고 유머러스한 이미지를 활용하려고 했다. 여기에 '위대한'이라는 접두사를 붙여 '위대한 보통 사람'이라는 역설의 슬로건을 유행시켰다.

미국의 역대 대통령들은 로버트 레드포드와 존 웨인을 모방했다. 케네디, 카터, 클린턴 등 민주당 대통령들은 〈스팅〉으로 1973년 아카데미 남우주연상을 받은 영화배우 겸 감독인 로버트 레드포드와 닮아 있다. 반면 레이건, 부시 등의 공화당 대통령은 〈진정한 용기〉로 1970년 아카데미 남우주연상을 수상하고, 골든글러브상을 두 번 받은 영화배우 겸 감독인 존 웨인 같은 이미지를 연출했다. 카우보이 모자를 쓰고 말을 타면서 남성적 기질을 대중에게 보여주려고 했다. 개척자 정신과 강한 미국을 상징하는 행동이다.

정치인은 성공한 전임 대통령의 이미지를 빌려오기도 한다. 클린턴과 카터는 케네디를 모방하려 했다. 레이건은 공화당 출신으로서 국민의 사랑을 받았던 아이젠하워 대통령을 따라 하려고 했다. 오바마 대통령 영부인인 미셸 오바마는 검은 힐러리로 불린다. 검은 재클린(케네디 대통령 부인)으로 불리기도 하는데, 재클린 케네디와 힐러리, 미셸은 비슷한 헤어스타일, 패션, 자신감 있는 말투 등이 닮았다.

한국의 정치인은 어떤 이미지를 가지고 있을까? 1961년 5월 16일 군사쿠데타가 일어나던 날, 박정희 장군은 검정색 선글라스로 쓰고 국민 앞에 모습을 드러냈다. 그의 선글라스는 강인함과 결단력을 느끼게 했다. 반면 대통령 시절 막걸리를 마시던 TV 속 박정희 대통령은 시골 촌부와 같은 소탈한 이웃 아저씨였다. 김영삼 대통령은 자연산 흰머리를 검정색으로 염색한 뒤 취임식장에 올라섰다. 젊음이 가득한 기운으로 한국병을 고치겠다고 강조했다. 이는 강한 의지의 표현으로 비쳐진 것이다. 이처럼 외모가 보여주는 메시지와 그 영향력은 생각보다 강력한 것이다.

02장

준비 및 오프닝

상대의
마음을 훔치는
상위 1% 말하기

01
선수로 만드는
마법의 스피치 공식 OSC

현대 생활은 바쁘다. 용건은 즉시 말하고, 할 말을 다했으면 바로 상대방에게
이야기 자리를 양보하는 것이 좋다. • 데일 카네기

말을 조리 있고 논리적으로 하고 싶다면 '말의 구조화'에 주목할 필요
가 있다. 틀(구조)을 생각하면서 그 안에 내용을 채워 넣다보면 어느새 짜임
새 있는 하나의 스피치가 완성된다. 스피치 내용을 구성할 때는 마치 편지
를 쓰듯이 시작부터 끝까지 순서대로 줄줄 써내려가는 것이 아니다. 단순한
나열은 제대로 된 스피치라고 볼 수 없고 까다로운 청중의 흥미와 감동 유
발이 결코 쉽지 않으며, 기억에 남기도 쉽지 않다. 스피치에 능숙하지 못한
사람들은 단순히 줄줄이 사탕 같은 나열식으로 내용을 구성하고, 앞뒤는 싹
둑 잘라먹은 채 본론만 언급하곤 한다.

과거 초등학교 시절 배웠던 글쓰기의 기초인 '서론, 본론, 결론'만 말하기
에 적용해도 스피치는 크게 달라질 수 있다. 글을 쓸 때와 마찬가지로 구조

를 생각하면 된다. 여러 과정을 거쳐 우선 그 뼈대부터 구축하고 이를 체계적으로 조직한 다음, 맨 마지막에 자세한 내용과 표현들을 개발하는 것이다.

말하기의 간단한 법칙들을 머릿속에 담고 있으면 말할 때 자연스럽게 논리가 생기는 것은 당연하다. 가장 효율적으로 사용되고 있는 대표적인 법칙을 살펴보자. 가장 기초적인 구성법은 '서론, 본론, 결론'으로 이루어진 3단 구성이다. 스피치에 맞게 표현을 하면 오프닝, 스토리텔링, 클로징인데 앞 글자를 따서 간단히 'OSC법칙'이라고 부른다.

O-S-C법칙(Opening-Storytelling-Closing)

첫머리에 말하고자 하는 주제를 먼저 제시하고 난 후에, 주제와 관련된 에피소드(스토리)를 전달하는 방식이다. 물론 여러 연구 자료나 유명한 사람들의 스토리를 빌려올 수도 있겠지만, 나의 경험에서 재료와 사례를 찾는 것이 좋다. 그리고 마지막으로 다시 한 번 전달할 스피치 내용의 주제와 요점을 각인시키며 마무리한다. 간혹 시작은 멋지게 열었지만 스토리를 전달하다 말이 한없이 길어져 클로징 없이 흐지부지 끝내버리는 경우가 있다. 따라서 스토리가 너무 거창하고 길어지지 않도록 주제와 관련된 에피소드를 정리하여 지루해지지 않도록 시간을 분배할 수 있는 지혜가 필요하다. 또 스토리텔링에서 클로징으로 넘어오는 과정이 자연스럽지 못하고 황급히 마무리되면 청중에게 기억되는 스피치가 되기 어렵기 때문에 특별히 주의해야 한다.

1. 오프닝(Opening)

O는 오프닝(Opening)을 말한다. 오프닝은 글로 치자면 서론에 해당한다. 발표를 할 때 서론을 생각하지 않고 바로 본론으로 들어가는 경우가 종종 있다. 하지만 발표의 1단계는 서론이라는 것을 반드시 명심하자. 서론으로 시작해야 논리적으로 말한다고 할 수 있다. 오프닝에서 반드시 관심을 끌어야 성공적인 스피치를 할 수 있다. 관심을 끌 수 있는 질문과 에피소드를 미리 준비해 청중과 하나가 되어 함께 웃으며 교감을 나눌 수 있는 스피치를 시작해야 한다.

긴장은 스피치의 가장 큰 적이다. 그런데 이 긴장감은 연사와 청중 모두 다 갖고 있다. 말을 하는 연사는 당연히 잘해야 한다는 부담감에 심하게 긴장을 한다. 청중들은 오늘 말을 할 연사가 준비는 잘했을지, 지루하지는 않을지, 시간을 투자해서 들을 만한 내용인지, 무슨 내용일지 궁금해하며 은근히 긴장한다. 그렇기에 서론에서 아이스브레이킹을 시도해서 긴장감을 해소시켜야 한다. 긴장감을 품고 스피치를 시작하게 되면 끝가지 성공적인 스피치로 이끌어갈 수 있는 힘이 약해지므로, 반드시 사람들이 같이 웃고 공감할 수 있는 오프닝을 철저하게 준비하자. 준비와 연습만이 살 길이다.

문을 여는 중요한 단계에서는 앞으로 어떤 내용을 말할 것인지 미리 보여줌으로써 스피치에 대한 흥미와 기대감을 한껏 불러일으키고 집중을 유도해야 한다. 그렇기에 오프닝에서 스피치의 주제와 관련된 질문이나 흥미로운 첫 문장을 잘 생각해봐야 한다. 그런 뒤 스피치의 목적이나 요점을 간

단히 언급하면 청중의 머릿속은 명쾌해지면서 자연스럽게 본론의 내용을
받아들일 준비를 하게 된다.

세계적인 컨설팅 전문회사 맥킨지에서는 "서론에 반드시 PIP가 들어가
있어야 한다"고 말했다.

첫 번째 P는 목적(purpose)이다. 내가 발표하는 목적을 뜻한다. 예를 들
어 오늘 운동하는 방법에 관해 스피치 한다고 했을 때는 '운동을 하는 방법
에 대해 청중에게 알려주겠다'라는 것이 바로 목적이다.

두 번째 I는 중요성(Important)이다. 내가 '왜' 지금 이 발표를 하고 있는
지, 청중이 '왜' 지금 이 스피치를 들어야만 하는지 그 이유에 대해 설명해
주는 것이다. 홈쇼핑의 쇼핑호스트들은 방송 준비를 할 때 이 중요성 부분
에 가장 많은 시간을 할애하곤 한다. 지금 나에게 이 상품이 왜 필요한지를
구체적으로 말해주는 것이 청중의 관심을 이끌어내는데 아주 중요하기 때
문이다.

마지막 세 번째 P는 미리보기(Preview)다. 이 미리보기는 청중에게 오늘
내가 무슨 말을 어떻게 할 것인지 미리 예고하듯 알려주는 것이다.

서론에서 이런 PIP에 대해 말해줬다면 "자, 그럼 지금부터 시작해볼까
요?", "자, 이제부터 본격적으로 설명해드리도록 하겠습니다"라는 리드멘
트로 본론으로 넘어가 본격적인 시작을 알리면 된다.

2. 스토리텔링(Storytelling)

청중의 관심을 끌며 성공적으로 오프닝을 한 후 본론으로 들어간다. 이때 본론은 실제 집을 지을 때 땅을 파고 건물을 올리는 단계에 해당된다.

오프닝에서 스피치에 대한 기대감을 조성하고 주제를 언급했다면, 다음은 주제에 대한 사례와 이유 등이 뒷받침되어야 할 때이다. 이때 내 생각과 주장을 너무 직접적으로 말하면 청중은 자칫 강요받는다는 느낌이 들 수 있다. 그렇기에 나의 메시지를 가장 잘 전달할 수 있는 흥미로운 스토리를 찾아 청중에게 쉽고 자연스럽게 다가갈 수 있도록 이야기 형식으로 말해야 한다. 재미있는 이야기 안에 나의 메시지가 자연스럽게 녹아들 수 있도록 자연스럽고 간접적인 설득을 해야 한다. 청중이 거부감 없이 나의 주장을 받아들이고, 절로 고개를 끄덕일 수 있도록 말이다.

3. 클로징(Closing)

스피치를 마무리하는 단계인 클로징은 오프닝만큼이나 중요하다. 이것은 심리학 용어인 '최근 효과(Recently effect)'에 기인한다. 청중들은 가장 최근의 정보를 더 많이 기억하는 특징이 있다. 스피치를 할 때 사람들이 가장 집중하는 순간은 언제일까? 바로 처음 3분과 마지막 3분이다. 그렇기에 이 중요한 시간을 대충 흘려보내서는 안 된다. 본론에서 말했던 내용을 결론에서 다시 한 번 정리해 줌으로써, 내가 오늘 어떤 내용에 대해 들었고, 배웠는지 환기시켜줘야 한다.

또한 본론을 다소 산만하게 진행했다면, 결론에서 깔끔하게 정리해서 논리적인 스피치라는 느낌을 청중에게 줄 수도 있다. 앞에서 말했던 내용을 요약해서 다시 한 번 강조함으로써 청중의 머릿속에 핵심메시지를 효과적으로 각인시켜보자.

그 후에는 여운을 남기고 진한 감동을 줄 수 있는 말로 끝내면 좋다. 클로징에서는 내 핵심메시지가 왜 필요한지 감동적인 말로 마무리해서 사람들로 하여금 행동하게 만들어야 한다. 사람은 마음이 움직여야 몸을 움직이는 특성이 있다. 결론에는 진한 여운과 감동을 주면 좋다. 처음 메시지를 마지막에 다시 한 번 전해서 기억에 남도록 하라. 스피치의 일반적인 공식은 다음과 같다.

 스피치 공식

1. 주제 선언 + 전개(예화 중심, 청중 중심) + 주제 반복(요약, 결론)
   = A+B+A'
2. 마법의 스피치 공식(EPR) : 사례(Example) + 핵심(point) +이유
   (Reason, 청중이 얻는 유익(이익))

02
당신의 스피치 목표는
무엇인가?

목표가 없는 사람은 조만간 몰락한다. 전혀 목표가 없는 것보다 사악한
목표라도 있는 편이 낫다. • 토마스 칼라일

크든 작든 하나의 일을 제대로 이루기 위해서는 가장 먼저 분명한 목표
가 있어야 한다. 스피치에서도 마찬가지이다. 목표가 뚜렷하지 않으면 스
피치 또한 중심을 잃기 쉽다. 목표가 곧 멘탈인 것이다. 애매한 목표가 아닌
좀 더 구체적이고 명확한 목표를 세워라. 원대한 목표가 뜨거운 열정을 불
러일으킨다. 그래야 상황에 걸맞은 치밀한 계획이 나올 수 있다. 최고의 스
피치를 완성시키기 위해서는 적극적이고 강인한 마음을 가져야 한다. 그래
야 청중에게 감동을 주면서 순간의 위기를 돌파하며 최고의 스피치를 해낼
수 있다.

특히 미국 케네디 대통령의 인기는 지금도 여전하다. 최근 갤럽 조사 결
과 미국 국민의 75%가 케네디 전 대통령을 평균 이상의 업적을 남긴 대통

령으로 꼽았다. 아이젠하워 이후 11명의 역대 대통령 중 압도적인 1위다. 케네디가 집권한 50년 전 정치적 상황은 최악이었다. 그러나 케네디는 10년 내 인간을 달에 착륙시키겠다는 원대한 꿈과 위대한 목표를 국민에게 내걸었다. 그는 국가와 국민의 역량을 집중시킬 원대한 목표를 발굴해 국론을 통합하고, 국민에게 동기부여를 할 줄 알았던 위대한 인물로 기억된다.

로베르토 고이주에타(Roberto Goizueta) 코카콜라 전(前) 회장은 '전 세계 사람들에게 코카콜라를 마시게 하겠다'는 목표 아래 코카콜라를 브랜드 가치 세계 1위 기업으로 만들었고, 빌 게이츠는 '전 세계 사람들의 책상 위에 컴퓨터를 놓겠다'는 원대한 목표로 인류의 삶에 혁신적인 변화를 가져올 수 있었다. 원대한 목표가 강력한 추진력을 낳고, 강한 추진력이 위대한 행동을 불러오기 마련이다. 분명한 목표 선정은 성공의 출발점이 된다.

이 같은 목표에 대한 열망을 스피치에도 접목해볼 수 있다. 스피치 주제가 선정되면 이 주제를 가지고 자신이 성취하고자 하는 바, 즉 스피치의 목적을 결정해야 한다. 스피치의 목적은 여러 차원에 걸쳐서 복합적인 구조를 이루고 있다.

예를 들어, 프레젠테이션을 앞둔 회사원에게 최상위 차원에는 '내 영역에서 대성하고자 하는 목적'이 있고, 최하위 차원에는 '당면한 스피치에만 한정된 특정 효과를 거두고자 하는 목적'이 있으며, 이 둘의 중간에 '유능한 사람으로 인정받겠다' 또는 '참신하고 발전적인 아이디어를 보여주겠다'와 같은 여러 개의 서로 다른 차원의 목적들이 존재할 수 있다.

'모든 것에는 때가 있다'는 말은 스피치에도 예외 없이 똑같이 적용된다. 여기에서 '때'란 단순히 시간 개념이 아니라 '목적, 시간, 장소'를 모두 아우르는 개념이다. 대중을 상대로 스피치를 할 때 특정 상황이 존재하는데, 이런 상황을 미리 정확하게 분석한다면 상황에 맞는 말하기로 청중에게 좀 더 가까이 다가갈 수 있다.

이때 스피치를 통해 궁극적으로 달성하고자 하는 목적이 무엇인지에 따라 '정보 제공 스피치, 설득 스피치, 격려 스피치, 유흥 스피치'로 나누어진다. 스피치를 본격적으로 준비하기에 앞서 스피치의 목적을 분명하게 정할 때, 목적에 맞는 내용구성과 전달에 최대한 집중하게 하는 효과를 낼 수 있다. 물론 궁극적인 목적에 따라 보통 스피치를 4가지 유형으로 나누지만, 하나의 스피치에 여러 가지 요소가 복합적으로 나올 수 있다. 가령 정보 제공 스피치라도 설득, 격려, 유흥의 요소가 함께 다뤄질 수 있다. 모든 스피치는 '정보 제공, 청중 설득, 즐거움 제공 또는 영감' 중 하나를 성취해야 한다. 대부분의 스피치가 이들 요소를 혼합해서 이루어지지만, 우수한 스피치는 주제의 목적에 따라 결정된다.

- 정보 제공 스피치 – 지식이나 정보의 전달이 목적인 스피치로 강의와 보고, 설명회가 대표적이다.
- 설득 스피치 – 믿음을 바꾸거나 행동을 유도할 목적으로 하는 스피치로 정치 연설, 세일즈, 면접, 토론 등이 속한다.
- 격려 스피치 – 누군가의 수고를 치하하고 격려하기 위한 스피치로 축사,

격려사, 주례사가 대표적이다.

- 유흥 스피치 - 즐겁게 하거나 흥을 돋울 목적으로 하는 스피치로 연회 연설, 회식이나 야유회에서 하는 연설이 여기에 속한다. 지루하지 않고 분위기에 걸맞게 유쾌하게 리드해야 한다.

스피치의 최종 목표는 다른 사람들로 하여금 생각을 바꾸고 행동하게 하는 것이다. 그래서 훌륭한 대중 연설가는 마치 배를 모는 선장과도 같다. 배는 가야 할 방향과 목적지가 있다. 배의 리더인 선장은 항상 목적지를 인식하는 한편, 매 순간 최종 목표를 기준으로 배가 있는 위치를 정확히 파악해야 한다. 중요한 항구를 선택한 다음 그곳을 향해 항해해야 한다. 배의 목적지가 정해지기 전까지 배의 엔진은 가동되지 않는다. 연설도 마찬가지다. 그렇기에 모든 연설에 연설가가 도착하고 싶은 기항지라고 할 수 있는 목표가 있는 것이 중요하다. 연설가에게 명확한 목표가 없다면 연설은 결코 출발하지 못할 것이다. 엔진이 가동하지 않을 테고 그러면 청중은 여행하면서 조금씩 모습을 드러내는 목적지를 향해 항해하는 전율을 결코 느끼지 못할 것이다.

만일 자신을 최고의 대중 연설가라고 생각한다면 연설의 어떤 면을 가장 두드러지게 하고 싶은가? 개념을 더욱 명확하게 전달하고 싶은가? 아니면 청중의 정서를 좀 더 깊이 자극하고 싶은가? 또는 지적인 면과 정서적인 면 가운데 어느 쪽에 더 영향을 미치고 싶은가? 연설이나 발표를 하는 이유는 크게 3가지다.

다음 사례는 이야기의 목표가 반드시 청중과 모임의 성격에 맞아야 함을 알려준다. 미국의 어느 정당대회장. 한 상원의원의 연설 도중 빗발치는 야유로 연설을 중단하지 않으면 안 될 사태가 발생했다. 원인은 그가 시종일관 교훈적인 이야기로 스피치를 이어간 것이었다. 그 자리의 청중들은 결코 교육 받기 위해 모인 것이 아니었다. 그저 정당대회의 축제 분위기를 즐기고 싶어 했다. 그들은 10분, 20분 참고 견디면서 빨리 이야기가 끝났으면 하고 기다렸다. 그런데 좀처럼 끝날 것 같지 않자 그만 울화통이 터졌다. 누군가 한 사람이 비꼬는 말을 하자, 다른 청중도 "우~"하며 동조하기 시작했다. 순식간에 1000명이 넘는 사람들이 야유하고 휘파람을 불며 떠들어 댔다.

최고의 연설은 각 청중과 장소와 모임의 성격에 걸맞게 하는 것이다. 천편일률적인 전략은 항상 실패를 불러온다. 각 상황에 맞게 마치 전쟁에 임하는 장수처럼 치밀한 전략을 세워서 백전백승해야 할 것이다.

03
정확히 타깃을
분석해서 정복하라

위대한 인물에게는 목적이 있고, 평범한 사람들에게는
소망이 있을뿐이다. • 워싱턴 어빙

 스피치는 혼자 하는 것이 아닌, 특정한 청중을 대상으로 특정한 상황에
서 하게 되는 것이다. 따라서 스피치를 본격적으로 준비하기에 앞서 청중과
상황에 대한 분석이 이루어져야 한다. 사전에 청중을 분석하는 것이 준비의
시작이다. 지피지기(知彼知己)면 최소 백전불패(百戰不敗)는 할 수 있다. 혼자
만 잘났다고 떠들어대는 전문용어로 잔뜩 치장된 화려한 대중 연설보다 대
중과 교감하고 그들을 충분히 이해하는 평범함이 오히려 낫다고 할 수 있
다. 특히 스피치는 '누구를 상대로', '어떤 목적으로', '어떤 장소에서', '어느
시간에' 하는지 분석하고 이를 토대로 청중과 상황에 맞게 해야 한다. 사전
에 청중의 규모나 연령대, 성별, 직업 등을 파악하면 실패 확률이 그만큼 줄
어든다. 스피치에 앞서 주최 측이나 행사관계자 미팅을 통해 수치를 계량화

할 필요가 있다. 그래야만 경험이 매뉴얼처럼 축적될 수 있고, 경험이 쌓일수록 완성도 높은 스피치를 구사할 수 있다.

청중은 쉽게 마음을 열지 않는다. 누가 단상에 올라가든 '네가 얼마나 잘하는지 한 번 보자', '내가 박수 치나 봐라', '웃나 봐라', '당신한테 공감할줄 알고?' 하는 표정으로 무표정하게 앉아 있다. 스피커는 콘텐츠를 말하기전에 청중과 보이지 않는 심리 싸움에서 이겨야 한다. 청중이 방어적이든공격적이든 관계없이 무조건 승부를 내야 한다. 그걸 극복하려면 엄청난 에너지와 함께 단시간 내에 그들의 공감을 이끌어내는 스피치 리더십이 필요하다. 특히 처음 10분 동안 서로 공감할 만한 편안한 이야기로 강연을 시작하면 청중은 심리적 방패와 창을 내려놓는다. 무대 위에 서면 청중의 심리변화가 전부 속속들이 한눈에 보인다.

호랑이를 잡으려면 호랑이 굴로 들어가야 하듯 청중의 공감을 얻는 말을하려면 발품을 팔아 현장에 찾아가야 한다. 그곳에서 생생한 현장의 목소리를 들으면 큰 도움이 된다. 그래야 사람들의 마음을 움직일 수 있는 핵심요소들을 살펴볼 수 있다. 그저 책에서 읽은 이야기나 고사성어로 사람의 마음을 움직일 거라고 기대해서는 안 된다. 현장을 제대로 알아야 상황과 대상에 적절한 사례를 풀어내고 이해도를 높이며 공감을 이끌어 낼 수 있으니 말이다.

1850년에 링컨이 젊은 변호사들에게 했던 강의는 청중의 요구에 부응하는 구체적이고 명료한 연설의 예로 자주 언급된다. 이때 법조인의 권위나

자긍심에 대한 구절은 한마디도 없었다. 또한 유력 정치인이었지만 당부나 격려의 말 같은 겉치레도 없었다. 정직하게 소장을 쓰는 법, 공정한 수임료에 대한 원칙 등을 내세우며 청중의 눈높이에 맞춘 연설을 이어간 것이다. 단지 연사의 마음에 드는 스피치가 아니라, 청중에게 유익한 스피치를 해야겠다는 마음가짐이 중요한 것이다. 항상 상황과 청중에 적절한 스피치를 구사해야 한다.

청중이 많은 상황이라면?
군중심리를 활용할 수 있는 감성적인 내용이 필요하다. 웅변식을 권장한다.

청중이 적은 상황이라면?
쌍방향 질의응답을 활용하고, 이성적이고 논리적일수록 좋다.

여성이 청중의 대다수인 상황이라면?
감정에 호소하거나 에피소드를 많이 활용하는 것이 효과적이다.

남성이 청중의 대다수인 상황이라면?
명사 중심의 구체적인 어휘를 주로 구사하고 이성에 호소해야 한다.

정치 연설을 하는 상황이라면?

청중의 성향이 지지층인지 아닌지를 먼저 파악해야 한다. 지지층이라면 직접적인 선동이나 설득이 충분히 가능하다. 그러나 반대자가 많다면 선동이나 비판은 즉각 반격을 받게 될 수 있다. 이런 경우에는 전략을 바꿔서 간접적인 표현을 쓰거나, 설득과 더불어 방어 논리도 철저하게 준비하고 있어야 이들의 마음도 끌어올 수 있다.

연령에 따른 차이도 있다. 어르신을 상대로 한다면 당연히 예의와 품격을 갖추어야 하고, 어린이는 재미가 있어야 전달 효과가 뛰어나다. 최대한 상대방의 언어로 표현하고, 친근한 말투를 사용하라. 어떤 경우에도 청중보다 우월하게 보여서는 안 된다. 겸손함은 연사의 필수조건이다. 거드름을 피운다거나 복잡한 말을 한다거나 통계 자료를 너무 자주 인용하는 것은 절대 금물이다. 그들의 눈높이에 맞추면서 친밀감을 형성해야 공감을 이끌어낼 수 있다. 그들을 이해하고, 정서와 언어를 공유하려는 노력이 필요하다.

또한 청중의 학력이나 지적 수준도 미리 파악해 전문적인 용어나 외래어는 가급적 사용하지 않는 것이 좋다. 그들이 알아듣기 쉽게 말해야 한다. 청중의 상태를 보지 않고, 목표를 너무 높게 잡고 난해한 설명을 늘어놓으면 이는 허공에 대고 이야기하는 것과 같다.

- 호의적인 청중을 포함해 일반적인 경우 – 주장을 먼저 내세운 후에 이에 대한 근거를 제시하는 두괄식 접근법이 적당하다.

- 비호의적인 청중의 경우 – 주장을 뒷받침할 수 있는 구체적인 사례나 전문가의 말을 인용하는 등 충분히 근거를 제시한 후에 주장을 내세우는 미괄식 접근법이 효과적이다.

청중의 특성은 전혀 고려하지 않고 자신이 하고 싶은 이야기를, 자신이 하고 싶은 방식으로 말하면 실패한 스피치가 된다. 청중은 스피치가 존재하는 근본 이유이며, 스피치의 성공 여부는 전적으로 청중에게 달려 있다는 것을 명심해야 한다. 경영학자 피터 드러커(Peter Drucker)도 "중요한 것은 당신이 무엇을 말하는가가 아니라, 청중이 무엇을 듣는 가다"라고 말한 바 있다. 이는 스피치의 모든 과정에서 무조건 청중을 중심에 두어야 한다는 것을 일깨워 준다.

청중을 분석할 때는 인구통계학적, 심리학적으로 분석한 결과를 활용해야 한다.

인구통계학적 분석	심리학적 분석
연령, 직업, 학력, 종교, 정당 성향 등	청중의 지식, 관심과 욕구, 태도나 신념 등

혼자서 정확하게 파악하는데는 한계가 있으므로, 자료를 토대로 유추한 뒤 주최 측에 물어보거나, 직접 발로 뛰면서 현장에서 정보를 수집해 스피치에 대비해야 한다. 청중의 눈높이에 맞춰 말하는 능력은 청중의 특징을 알고 있을 때 가능하다. 청중의 특성을 정확히 파악한 후에 그 결과를 공감

을 불러일으키는 좋은 사례, 재미있는 유머 등으로 내용 구성과 전달에 참고한다면 청중에게 좋은 반응을 불러일으킬 수 있다.

- 청중이 주제에 대해 거의 아는 바가 없는 경우 – 일단 청중과 관련 있는 이야기나 혹은 유명한 사람의 재미있는 이야기로 시작해서 흥미를 불러일으킨 후에 기본적인 것부터 차근차근 이야기를 해나가는 방식을 취해야 한다.

- 청중이 예비지식이 풍부한 경우 – 청중이 평소 주제에 대해서 어느 정도 관심이 있는지를 고려해 주제를 정하고 내용을 선정한다. 기본 지식은 과감히 생략하고 청중의 수준에 맞는 내용을 언급한다.

전문용어로 'STP전략'이라는 말이 있다. 소비자 행동에 대한 이해를 바탕으로 시장을 세분화(Segmentation)하고, 이에 따른 표적시장(Targeting)을 선정한 뒤에 표적시장에 먹힐 수 있는 포지셔닝(Positioning)을 하는 활동을 말한다. 이는 소비자가 필요로 하는 것을 분석해서 상품을 개발하고 그들에게 잘 알려져 기억에 남게 하는 것을 말한다. 여기에서 포지셔닝은 대상어에 대한 연구와 분석을 한 뒤에 습성을 파악하고 최종적으로 가장 적합한 내용을 전달하는 것이다.

《해리포터》작가 조앤 롤링은 마케팅 STP전략의 성공사례라 할 수 있다. 그녀는 한때 기저귀 살 돈을 구걸했을 정도로 빈털터리였다. 그러나 책이 2억 6,500만 권이나 팔려나가는 기적으로 영국, 스코틀랜드, 오스트레일리아에 별장을 둔 억만장자가 되었다.

그녀는 처음《해리포터와 마법사의 돌》원고를 대략 4,000달러라는 헐값으로 영국의 출판사에 넘겼다. 당시 원고료가 턱없이 적었지만 많은 출판사에서 거절당한 무명작가 롤링으로서는 중요한 시금석을 마련한 계기가 되었던 것이다. 출판 경험이 전무했던 그녀는 '어린이들과 그들의 부모'라는 정확한 타깃팅에 성공했고, 그들에게 강력하게 포지셔닝되어 역사상 막대한 부를 쌓은 작가로 거듭났다. 이처럼 스피치를 할 때에도 청중을 제대로 분석하고 세분화한 뒤 적절한 포지셔닝 전략을 통해서 청중이 원하는 스피치와 사례들을 개발하고 그들의 마음속에 깊이 박힐 수 있는 생생한 언어로 전달해야 한다.

04
청중을
충격에 빠뜨려라

기회라는 것은 언제나 처음에는 위기로 온다. • 소오바

요즘은 말 잘하는 사람들을 볼 기회가 많아졌다. TV나 라디오에서도 어찌나 말을 청산유수로 재치 있게 잘하는지 대중의 눈높이는 이미 높아질 대로 높아졌다. 그래서 어디서 들어본 듯 뻔한 내용에는 별 관심을 보이지 않는다. 같은 소재라 해도 표현방식을 차별화해서 참신하고 색다른 분위기로 다가갈 수 있는 방법을 고민해야 한다.

때에 따라서는 충격을 줘서 청중의 이목을 사로잡는 방법도 있다. 가령 처음 들어보는 정보, 이색적이거나 충격적인 조사결과 등을 제시함으로써 청중의 궁금증을 유발시키는 것이다. 충격을 주면 청중은 순간 바짝 긴장하게 되고 집중해서 원인을 찾으려 한다. 충격적인 내용을 이용한 서두 기법은 청중이 전혀 예상하지 못했던 엉뚱한 이야기나 긴장하게 될 이야기를

끄집어내어, 자극을 줌으로써 주의를 집중시키고 이를 주제와 자연스럽게 연결시켜 나가는 기술이라 할 수 있다.

특히 청중의 주의가 산만하거나 스피치 주제에 무관심한 반응을 보일 때 이 기법은 매우 효과적이다. 이런 서두는 스피커의 이미지와 함께 청중의 기억에 오래도록 남는다. 이를테면 '오늘 우리나라가 각종 세금이 없어진다고 합니다'라는 식으로 시작하면 청중들은 '이게 무슨 소린가?' 하고 모두 의아한 눈초리로 발표자를 쳐다보게 된다.

깜짝 놀랄만한 정보를 주는 방법도 좋다. 설득을 하면서 놀라운 주장이나 남들이 잘 모르는 무언가를 제시해 상대의 눈이 휘둥그레지게 만드는 것이다. 가령 뜻밖의 수치, 사람들이 처음 접해볼 법한 유용한 정보나 자료를 찾아 그것을 조금은 다른 관점으로 접근해 신선한 모습으로 새롭게 보여주려는 노력, 그것이 충격기법의 핵심이다.

충격기법을 사용할 때는 그 내용이 자연스럽게 주제와 연결되어야 할 뿐만 아니라, 청중에게 절대로 모욕감을 주어서는 안 된다. 예를 들어 "우리 학교가 드디어 세계 20대 대학교에 진입했습니다. 상상해 보십시오. 얼마나 자랑스러운 일이겠습니까? 그 목표를 달성하기 위해서 우리 학교의 교수는 물론이고 학생들이 변화의 주체가 되어야 한다고 생각합니다"라고 함으로써 충격적인 이야기를 자연스럽게 주제와 연결시킬 수 있다. 이 방법에는 특히 충격적인 숫자와 통계 자료가 제시되는 경우가 많다.

만일 청중의 주의를 끌기 위한 목적으로 주제와 전혀 상관없는 충격적인 이야기를 풀어놓는다면 기대했던 효과는 사라지고 오히려 청중은 이것을 불쾌하게 받아들일 수도 있다. 또한 충격기법을 너무 자주 사용하는 것도 자제해야 한다. 충격적이거나 자극적인 내용을 자주 사용하게 되면 청중에게 위협적으로 들려서 화나게 하거나, 자극에 면역이 생겨 더 큰 충격을 주지 않으면 더 이상 관심을 끌 수 없기 때문이다. 또한 충격을 주는 내용이 적절하지 못하면 자칫 경박하다는 느낌을 청중에게 줄 수 있으므로 적절하게 활용해야 한다.

'역설적 사고'는 스토리의 연금술이다.

"개가 사람을 물면 기사가 되지 않는다. 반면 사람이 개를 물면 기삿거리가 된다."

기자들이 자주 하는 말이다. 즉 당연한 것은 흥미가 없다. TV에 〈쇼킹 아시아〉, 〈세상에 이런 일이〉라는 프로그램은 있어도 〈평범한 아시아〉, 〈세상에 이런 보통 일이〉라는 것은 없다.

역설적 사고가 가장 많이 활용되는 분야는 문학이다. 문학 중에서 단연 시(詩)라고 할 수 있다. 한용운의 '님은 갔지만 나는 님을 보내지 아니하였습니다', 유치환의 '깃발, 그것은 소리 없는 아우성' 등은 결코 잊을 수 없는 표현의 역설이다. 생텍쥐페리의 '사막이 아름다운 것은 어딘가에 물을 숨기고 있기 때문이다'라는 구절도 있다.

링컨도 역설법과 반어법을 자주 활용했다. 1854년 캔자스 주와 네브래

스카 주에서 노예제 허용법을 발의한 더글러스 상원의원에 대해 다음과 같이 비판했다.

"지금 우리는 자신이 정치적 위선이라는 사실을 만천하에 드러내고 있습니다. 우리는 인간을 노예로 만드는 제도를 옹호하고 있습니다. 그러면서 동시에 인간의 자유를 사랑한다고 자찬하고 있습니다."

역설은 '넘어선(pare)'과 '의견(doxa)'의 합성어이다. 상식과 보편을 넘어선 '모순 속에 숨어 있는 진리'라는 뜻을 가지고 있다. 역설법은 이치에 어긋나거나 모순되는 진술을 통해 진실을 표현하는 것이다. 표면적으로 모순되고 이율배반적으로 보이지만, 내면에는 심오함과 절실함을 담아 긴장감을 조성하는 방식이다. 그래서 간혹 도발적이고 자극적으로 느껴지기도 한다. 역설은 스피치에서도 주목성을 높이기 위해 자주 쓰는 수사법이라고 할 수 있다. 역설의 예는 다음과 같다.

• 대한민국 초대 대통령 이승만은 전주 이 씨 조선 왕족의 먼 친척 출신이었다. 조선 왕조가 멸망하고 대한민국이 수립되었을 때 그는 대통령이 되었다. 왕족 출신인데 왕조는 멸망하고 새로운 국가의 초대 대통령이 된 이승만이다.

• 조선민주주의인민공화국을 세운 김일성은 공산주의자이다. 그런데 그의 집안은 전통 있는 기독교 가문이었다. 그는 기독교를 추방해 공산주의자들의 신망을 얻었다.

해방 전후 남북 지도자의 역설적 스토리이다. 이런 역설은 부정의 부정이라는 스토리를 담고 있다. 기존 가치관이나 경험을 일순간에 부정하는 상황은 스토리로써 극적인 효과를 높여준다.

SK그룹 최태원 회장의 딸이 해군장교로 임관되어 뉴스거리가 된 적이 있다. 재벌가의 자제로써 보기 드문 일이기에 이도 일종의 역설이다. 또한 유럽의 왕가와 서민이 결혼하는 스토리는 해외 토픽으로 자주 언론에 등장한다. 흔한 신데렐라 스토리도 왕자와 서민의 결혼이라는 역설에 기반하고 있는 것이다. 역설은 마치 부정처럼 보이지만 분명 진실이라는 뼈대를 갖고 있기에 현실로 종종 일어난다. 이처럼 역설은 인간에게 새로운 호기심과 신비감을 불러일으키는 생명력을 갖고 있다고 할 수 있다. 재미있는 스토리는 진실과 파격, 그리고 연설 등을 모두 다 포함하고 있다. 여기에 현대적 의미를 더하면 위대한 스토리텔링이 완성된다.

05
성공적으로 발표하는
장면을 끊임없이 상상하라

상상할 수 있다면, 그건 이미 현실이다. • 피카소

중요한 스피치를 앞두고 자신도 모르게 사람들 앞에서 말도 제대로 못하고 덜덜덜 떨고 있는 부정적인 자기 모습을 떠올려 본 적이 있을 것이다. 그런 두려움과 공포는 자신의 상상이 만들어낸 결과물이다. 인간이 상상하는 모든 것은 현실이 된다는 말이 있다. 자신의 미래를 밝은 것으로 내다보면 의식적이든 무의식적이든 이를 실현하는 방향으로 노력하고, 반대로 자신이 결국은 실패자가 되고 말리라는 생각을 가지면 의식적으로나 무의식적으로 자동으로 실패자가 되는 방향으로 행동하게 된다는 것이다. 결국, 자신이 생각한 모습이 현실로 이뤄지는 법이다.

심리학에서도 사람은 언제나 자기 예언을 실현하는 방향으로 노력하게 된다는 이론이 있다(Rosenthal, 1967). 자기 예언(self-fulfilling prophecies)이란,

자신이 앞으로 어떻게 될 것인가에 대한 스스로의 예측인데, 이것이 자아실현에 미치는 영향은 상상 외로 높은 것으로 알려져 있다.

스피치도 이와 마찬가지다. 만일 당신이 실패만을 예감하고, 그 후에 수반되는 망신만을 기정사실화한다면 당연히 맥이 쭉 빠지고 머릿속도 멍해져서 그동안 준비하고 연습해 온 실력을 제대로 발휘할 수 없게 된다. 그러나 자신이 성공적으로 발표해 나가는 멋진 장면을 상상한다면 나도 모르게 열정과 의욕이 솟구치고 정신도 맑아진다. 따라서 자신이 불안해한다는 것을 느낄 때는 성공적으로 발표하는 환상적인 모습을 머릿속에 그려 보려고 노력해야 한다. 생각이 모든 것을 끌어당긴다는 말이 있다. 이는 모든 분야에서 통하는 불변의 진리이다. 그렇기에 스피치를 포함해 모든 일에 앞서 부정적인 모습이 아닌 긍정적이고도 가장 이상적인 자기 모습을 눈 감고 그려 봐야 한다.

이 같은 '시각화 기법'은 실제로 오래전부터 운동선수들의 기량을 향상시키는 중요한 방법으로 사용되어 왔다. 한번은 미국의 일리노이 대학에서 재미있는 실험을 한 적이 있다. 이 대학 농구팀 선수를 A, B, C 세 그룹으로 나누었다. A그룹 선수들에게는 한 달 동안 슈팅 연습을 시켰다. B그룹 선수들에게는 한 달 동안 슈팅 연습을 시키지 않았다. C그룹 선수들에게는 매일 30분 동안 마음속으로만 슈팅 연습을 하고 실력이 향상되는 상상을 하는 '이미지 트레이닝'만 했다.

한 달 후 놀라운 결과가 나왔다. 전혀 훈련을 하지 않은 B그룹이 아무런 진전이 없었던 것은 예상대로였다. 하지만 매일 체육관에서 실제 연습을 한 A그룹과 이미지트레이닝만 한 C그룹 선수들의 슈팅 득점률이 25%나 향상되었다. 연습한 그룹이 연습하지 않는 그룹보다 기량이 향상된 것은 당연한 결과이지만, 이미지 트레이닝만 한 그룹이 실제 훈련한 그룹과 거의 같은 기량을 갖게 된 것은 실로 놀라운 결과였다. 이처럼 운동선수들이 실제로 많이 사용하는 것으로 알려진 이미지 트레이닝 효과는 이밖에도 이미 여러 연구를 통해 입증된 바 있다(Verderber, 2000; Jaffe, 2004).

실험을 통해 상상의 힘이 정말로 대단하다는 것을 알 수 있다. 만약 연습과 시각화 기법을 병행한다면 시너지 효과가 더해져 엄청난 성과를 낼 수 있음은 분명하다. 이 실험 결과처럼 당신도 스피치를 함에 앞서 실전 같은 연습과 병행해 이미지 트레이닝도 함께한다면 분명 큰 도움이 될 것이다. 이를 스피치 준비 과정에 적용해보자.

마음을 비우고 머릿속으로 당신이 성공적으로 스피치 하는 모습을 열렬히 상상하라. 한마디로 자신이 원하고 바라는 것들을 구체적으로 그리는 상상 리허설을 하는 것이다. 당신이 스피치 하는 장소와 상황, 자리에 앉아 있다가 당당히 걸어나가는 모습, 그리고 무대에 서서 청중을 바라볼 때 눈앞에 펼쳐지는 장면 하나하나를 생생하게 그려보자. 당신의 말에 점점 깊숙이 빠져들면서 적극적으로 호응하는 청중의 반응과 더불어 마치 명강사가 된 것처럼 열정적인 몸동작으로 무대를 종횡무진 맘껏 활보하고 있는 모습을 머릿속에 끊임없이 그려 보아라. 상상 속에서 당신은 이미 멋진 강연자가 되었다!

놀랍게도 사람들이 가장 두려워하는 일이 많은 사람들 앞에 서서 발표하는 것이라고 한다. 발표 불안증을 완화시키기 위한 좋은 방법은 '스피치의 모든 상황을 미리 구체적으로 상상해보고 전략을 세우는 것'이다. 무대에 서서 청중을 바라보기도 하고, 내가 청중이 되어 무대에 서 있는 나를 객관적 시선으로 바라보기도 해야 한다. 상상 속에서 모든 것은 가능하고, 상상은 곧 현실이 된다는 것을 명심하자. 이같이 '실제로 이런 상황이 되면 난 이렇게 말할 거야'라고 상상해 보는 것은 일종의 긍정적인 자기 암시라고 볼 수 있다.

잘 알려진 명 스피커들 역시 자신이 원하는 모습을 상상 속에서 먼저 품고 꿈꿨다. 마치 미래에 일어날 자신의 멋진 스피치의 성공을 실제로 경험하고 있는 것처럼 열렬히 느끼고 행동했다. '생각을 바꾼다'는 것은 '인생 전체를 바꾼다'는 말과 같다. 미래에 성공할 사람은 먼저 마음속에 성공을 그려놓는 방법을 잘 알고 있다. 또한 오늘의 성공, 내일의 성공, 한 달 후의 성공, 1년 후의 성공을 마음속에 지속적으로 각인시키는 훈련을 했다. 우리도 청중 앞에서 멋지게 스피치 하는 모습을 상상의 힘을 통해 시각화해야 한다. 단순히 스피치를 두려워만 하지 말고, 성공적으로 발표하는 장면을 반복적으로 상상하라.

시각화의 힘은 스피치에도 그대로 적용되는데, 준비 과정에서 성공적으로 스피치를 하는 장면을 많이 상상하면 할수록 실제 상황에서 부정적인 생각을 훨씬 덜하게 된다는 보고가 있다. 다음 방법을 참고하여 멋지게 스피치하는 모습을 끊임없이 그려보자(Jaffe, 2004).

 스피치를 시각화하는 방법

1. 조용한 장소에서 스피치 하는 과정을 처음부터 끝까지 마음속으로 생생하게 그려본다.
2. 청중 속에 자리를 잡고 자신이 스피치 하는 장면을 관찰한다고 상상한다.
3. 자신감 있는 모습으로 청중 앞에서 중요한 단어는 강세를 주어 자신 있게 말하고, 효과적으로 띄어 말하고, 자연스럽게 제스처를 사용하는 아주 유능한 연사의 모습을 떠올린다.
4. 청중들이 얼굴에 호기심과 미소를 띤 채 고개를 끄덕이면서 아주 흥미롭게 자신의 말을 듣고 있다고 생각한다.
5. 스피치를 성공적으로 끝마친 후에 청중과 마지막으로 눈맞춤을 하고 참고자료를 정리해서 발표장을 떠나는 모습을 상상해 본다.
6. 다시 청중의 무리 속으로 돌아와 스피치를 매우 감동적이고 성공적으로 마무리하여 매우 자랑스럽고 기뻐하는 모습을 머릿속에 그려본다.

06
스피치 선수들을
철저하게 모방하라

인간이 노력하는 모든 분야에서 80퍼센트의 결과는
20퍼센트의 활동으로 생겨난 것이다. • 파레토

한국 사람들은 기본적으로 소통에 어려움을 겪는다. 그렇기에 당연히 대
중연설이나 스피치를 할 때 요령이 부족할 수밖에 없다. 말할 때 표현력이
나 적절한 어휘 선택에도 역시나 어려움을 많이 겪는다. 사실 매일같이 성
도 앞에서 스피치를 할 수밖에 없는 자리에 있는 목회자나 대학 교수라고
해도 모두 표현력과 전달력이 탁월한 것은 아니다. 가령 신학교에서는 단순
히 본문설교, 주제설교, 강해설교만 가르치기에 어찌 보면 당연하다.

오랜 기간 동안 학문을 해왔던 대학교수들도 이와 마찬가지이다. 실제로
공식석상에 가보면 높지 않은 수준의 스피치를 구사하는 정치인, 기업인들
을 많이 볼 수 있다. 청중과 눈 한 번 마주치지 못하고, 계속 정수리만 보여
주면서 원고에 코를 박고 줄줄 읽어 내려가는 듣기 따분한 스피치가 태반

이다. 또는 혼자 자기 할 만만 계속 늘어놓아 듣는 이로 하여금 심한 졸음을 불러오게 하는 스피치도 우리는 종종 접하곤 한다. 이러면 청중은 하품만 하고 눈동자를 이리저리 돌리면서 '도대체 언제 끝나나' 하며 시계만 계속 보고 있을 수밖에 없다. 모두가 지루함만 느끼고 전달력이 없다면 이는 대체 누구를 위한 스피치인가? 허공을 맴도는 이런 스피치가 의미가 있는 것인가?

대중 앞에 서는 일이 많거나, 말을 하면서 일하는 사람들은 특히나 스피치 연습을 많이 해야 한다. 실제적인 기술을 배우지 못했다고 말의 기술을 익히는 것을 게을리해서는 안 된다. 끊임없이 스피치 기법을 연구하고, 자신의 스피치를 모니터링해야 한다. 또 스피치를 잘하는 사람들의 장점을 연구해보고, 그것을 자신의 기술로 만들기 위해 힘쓰는 등 점점 발전시켜야만 한다.

사람들 앞에 서는 연설가는 무조건 청중의 흥미를 불러일으킬 줄 알아야 한다. 애초에 그럴 마음이 없다면 청중 앞에 서지 않는 것이 좋다. 이는 자신의 말을 들어주는 대중에 대한 최소한의 매너이기 때문이다. 물론 자기 자신을 위해 갖춰야 할 기본이기도 하다. 흥미가 사라진다면 그가 전달하는 메시지도 설득력을 잃을 것이다. 설득력과 전달력이 없는 스피치는 하나마나 무의미한 것이다.

청중 스스로가 마치 앞에서 말하고 있는 연설가와 직접 대화를 나누고 있다고 느끼게 할 수 있는 기술을 개발해야 한다. 그렇게 해야만 청중 스스로도 스피커를 최대한 긍정적으로 받아들일 수 있는 마음을 가질 수 있다. 듣거나 말거나 혼자만 떠들어대는 스피치는 말하는 사람도, 청중도 재미없다.

앞에 나와서 말하는 사람은 청중의 눈동자와 얼굴 표정, 자세를 순간순간 민감하게 받아들일 수밖에 없다. 이는 스피커의 사기 진작에도 큰 영향을 미친다. 따분함이 가득한 청중의 표정을 보는 순간, 초점 없이 멍하고 희미한 눈빛을 딱 마주치는 그 순간! 나의 자신감은 물론 잘해내고자 하는 작은 의욕마저도 땅에 뚝 떨어지게 된다.

이 세상은 지금 많이 변하고 있다. 그것도 매우 빠르게. 스피치의 트렌드 역시 바뀌었다. 일방적으로만 주장하고 강요하고 가르치는 One Way 스피치의 시대는 이미 막을 내렸다. 앞으로는 발표자와 청중이 서로 교감하고 소통하는 Two Way 스피치가 통하는 시대이다. 특히 요즘엔 한국에서도 강연 문화가 점점 자리 잡으면서 청중과 마치 일대일로 대화하는 듯한 편안하고 정서적으로 깊이 교감할 수 있는 스피치가 더욱 각광받고 있다.

서로 교감하기 위해 대중의 참여도를 높이는 것도 좋은 방법이다. 가령 청중과 함께 즉석에서 상황극을 꾸며 보기도 하고, 청중의 고민과 진심 어린 개인의 사연을 듣고 함께 고민을 나눠보고 적절한 해결책을 전하는 것도 매우 좋다.

하늘 아래 새로운 것은 절대 없는 법이다. 제아무리 최근의 신기술이나 새로운 트렌드도 하늘에서 뚝 떨어진 것이 아니다. 예를 들어 아이콘을 클릭하면 프로그램이 실행되는 매킨토시 컴퓨터는 스티브 잡스의 천재적인 머리에서 짠! 하고 나온 것이 아니다. 제록스 연구소의 것을 모방해 새롭게 창조해낸 것이다.

누군가는 삼성을 '1등 제품 모방해서 짝퉁 만드는 카피캣'이라 비웃기도 한다. 그러나 삼성은 스마트폰 세계 점유율 1위를 달성했다. 이 세상의 모든 창조는 모방에서 시작되었다는 것을 명심하자. 모방한 것을 독창적인 방식으로 재구성해 나만의 스타일을 덧붙이면 창조가 된다. 모방이 창조의 어머니라는 말은 진리이다.

창조적인 모방은 성공의 지름길이다. 이런 면에서 스피치는 새로운 창조보다는 기술과 혼이 결합된 일종의 퍼포먼스라고 할 수 있다. 명 스피커의 스타일을 모방하라. 그러면 어느 순간 자신도 모르게 더 나은 모습을 창조할 수 있게 된다. 내가 닮고 싶은 대상을 정해서 계속 따라 해보라. 이때 단순히 목소리나 말하는 것만 모방하는 것이 아닌, 그 사람의 '혼'까지도 따라 할 수 있는 좀 더 높은 수준의 모방을 해보라. 공병호 박사도《10년 후, 한국》이라는 책에서 성공하는 사람에게 있는 능력 중 하나가 바로 '모방 능력'이라고 말했다.

먼저 당신이 평소 닮고 싶었던 매력적인 스피치 스타일을 갖춘 사람을 찾아서 리스트에 정리해보자. 수많은 명 스피커 가운데 당신의 롤모델을 정해놓고 모방해 보는 것만으로도 실력을 단시간에 점프 업시킬 수 있다. 실제로도 유명한 스피커들은 젊은 시절 외국의 유명한 스피커들의 사상과 생각은 물론 말투까지 모방했다. 놀라운 사실은 스피치계의 프로들은 아직도 다른 명 스피커의 강의를 반복해서 듣는다는 것이다. 진정한 최고들은 꾸준한 노력과 훈련을 게을리하지 않기에 최고의 자리를 유지할 수 있다.

당신도 다른 명 스피커들의 스피치를 꾸준히 들으면서 그들만의 디테일한 몸짓을 관찰하고 말하는 순간순간의 정서 상태를 그대로 흡수하고 집요하게 그들만의 설득 포인트를 찾아내는 연습을 해야 한다. 듣다가 특별히 인상적인 내용은 메모해놓고 실제 말할 때도 틈틈이 활용해보자. 그러다보면 새로운 나만의 스피치 스타일이 만들어진다.

특히 그들의 말하기 기술뿐 아니라 사람들을 감동시키고 열광하게 하는 점들을 연구 및 분석해서 자신의 것으로 만드는 창조적 모방을 해야 성장할 수 있다. 이러한 과정을 통해서 자신만의 완성도 높은 독창적인 스피치를 창조할 수 있어야 한다.

다른 사람의 스피치를 관찰하는 것은 나의 스피치 실력이 발전할 수 있는 첫걸음이 된다. 평소 기회가 될 때마다 다른 사람이 발표하는 모습을 보면서 장점과 단점을 분석해가며 스피치에 대한 안목을 키워보자.

도움이 될 만한 콘텐츠를 하나 소개하자면 최근 지식 강연 컨퍼런스를 표방하면서 전 세계적으로 큰 반향을 불러일으키고 있는 테드(TED: Technology, Entertainment, Design)를 꼽을 수 있다. 여러 분야의 전문가들이 무료로 제공하는 멋진 강연회다. 이를 활용해 스피치의 기법을 터득하면 실력이 일취월장할 것이다.

테드(TED)의 모든 강연은 짧게는 3분에서 최장 18분 이내로 이루어져 있다. 그래서 자신의 상황에 맞추어 다양하게 골라 볼 수 있다. 대부분의 모든 강연은 한글 자막으로 시청이 가능하고, 한글 대본 또한 받아볼 수 있어 편하게 강연을 감상할 수 있다.

'대화를 잘하는 사람이 훌륭한 연설가가 된다'는 말을 되새겨 볼 필요가 있다. 그들은 다른 사람의 존재에 세심한 주의를 기울인다. 연설할 때면 항상 안테나를 곤두세우고 청중의 섬세한 신호를 감지하며 그에 반응할 줄 안다. 훌륭한 연설가는 사교 모임에서 대화를 잘하는 사람처럼 청중과 훌륭하게 교감한다. 결국, 함께 교감하고 상대를 이해하고자 하는 마음에서 훌륭한 스피치가 시작되고, 노력으로 완성되는 것이다.

07
화끈하게
선공을 날려라

전쟁할 때, 제일 큰 손해는 우물쭈물하는 것이다. •오자

　'시작이 좋아야 결과도 좋다'는 말과 같이, 서론에서 스피커가 어떤 얘기를 하는가에 따라 스피치 전체 분위기가 조성된다. 서론이 전개되는 시간은 청중이 스피커의 모든 것을 느끼면서 인상을 결정하는 시간이다. 청중과의 교감이 시작되는 첫머리부터 승리해야 한다. 청중을 사로잡는 시간 2분, 이 순간이 가장 중요하다. 초기 2분 안에 명언이나 속담 등 나만의 촌철살인을 준비하라.

　오프닝은 청중과의 만남이자, 발표자의 이미지와 스피치에 대한 기대치가 형성되는 아주 중요한 순간이다. 좋은 이미지와 높은 기대감이 있어야 청중은 초반에 집중을 하고 듣는다. 초반부터 흥미를 느끼지 못하는 청중이 마지막에 집중할 수 있을까? 그런 일은 절대 일어나지 않는다. 이 스피치를

주의 깊게 들을 것인지 말 것인지는 초반에 모두 결정되는 것이다.

스피치가 능숙한지 서툰지는 스피치의 첫머리와 끝맺음을 들어보면 알 수 있다. 뛰어난 연사나 세일즈맨은 진부한 방법으로 스피치를 시작하지 않는다. 그들은 단번에 상대의 귀를 자기 쪽으로 향하게 만든다. 처음의 10초는 다음 10분간의 이야기보다 중요하기 때문이다.

그러므로 스피치를 장황한 서두로 시작해서는 안 된다. 청중의 의표를 찌르는 첫마디를 터뜨려서 처음부터 주의를 기울이게 만들고 들을 자세를 취하도록 만들어야 한다. 만약 당신이 이것을 해냈다면 스피치는 성공적이라고 보아도 좋을 것이다.

마찬가지로 강의를 할 때도 오프닝은 매우 중요하다. 사람들은 '어려웠던 환경 속에서 꿋꿋하게 극복해낸 에피소드'를 좋아한다. 유명 인사의 예보다는 자신의 에피소드, 사례, 생각, 경험들을 잘 풀어서 이야기하면 청중에게 쉽게 다가갈 수 있다. 그러면 청중은 강사에 대해 알게 되었다 생각하고 스피치에 편안하게 몰입한다. 청중은 당연히 자기가 잘 모르는 상대의 이야기에 귀를 기울이지 않는다. 최근에 내가 읽은 책들, 신문기사에서 느낀 점, 청중에게 당부하고 싶은 말들, 힘들었지만 극복한 에피소드를 찾아보자.

오프닝에서 청중을 확 끌어당길 만한 흥미로운 장치는 반드시 있어야 한다. 스피치 전체에서 오프닝이 차지하는 분량은 불과 10~20%지만, 그 중요도는 90% 이상이라 해도 과언이 아니다. 그렇기에 연사는 메시지를 전달하기 전에 청중의 주의부터 모아야 한다. 뜻밖의 파격적인 행위로 청중을 자극할 줄도 알아야 한다. 예를 들어 한 젊은이가 청중의 관심을 끌고 싶어 가짜 권총을 꺼내서 자신의 머리 위에 대고 발포했다. 그러고 나서 그는 조용히 말했다.

"오늘 스피치의 주제는 바로 자살입니다."

그가 단박에 청중의 주의를 집중시킨 것은 두말할 나위도 없다.

 이목을 집중시키는 오프닝 스킬

1. 청중에게 주제와 연결되는 신선한 질문을 던진다.
2. 요즘 이슈나 기사화된 이야기, 파격적인 스토리와 유머를 활용한다.
3. 수치를 들어 집중시킨다.
   예 건강보험공단의 발표에 따르면 흡연자가 비흡연자보다 폐암발병률이 6.5배가량 높다고 합니다. 이래도 건강에 해로운 흡연을 계속 고집하시겠습니까? 오늘은 효과적인 금연방법에 대해 자세히 알려드리겠습니다.
4. 경험담이나 사례를 든다.
5. 스피치 주제와 관련된 권위자의 말을 인용한다.
6. 공감할 만한 문구를 인용하거나 관심을 유발하는 흥미로운 말로 서두를 꺼낸다.
   예 "전 세계의 모든 과학자들이 지구의 바다가 죽어가고 있다고 입을 모아 주장하고 있습니다." 이런 말은 정신이 번쩍 들게 만든다. "과연 이것이 세상의 종말을 알리는 전조일까요? 우리는 이를 위해 무엇을 하고 있나요?"
이후 재앙을 막을 수 있는 방법을 대략적으로 설명한다. 결론에는 이를 해결할 수 있는 방법과 희망찬 메시지로 마무리하는 동시에 청중으로부터 공감을 얻어내면 된다.

우리가 책 한 권을 고를 때 재밌는지 아닌지를 평가하는 기준은 고작 책의 앞부분 몇 페이지이다. 영화도 마찬가지로, 시작한지 5분이 지나기도 전에 관객들은 그 영화를 놓고 "이 영화 뭐 보나마나 뻔하네"라며 실망하기도 하고, 반대로 "이야, 이거 흥미진진한데!"라며 기대감에 부풀기도 한다. 어떤 것이든 초반에 기대가 집중되어 있다. 청중들도 예외는 아니며, 그들 또한 자신들의 가려운 곳을 긁어주는, 새롭고 신선한 주제에 기대를 걸기 마련이다. 청중들은 오랫동안 형식적이고 상투적인 오프닝에 길들여져 있다. 청중들이 '이번엔 좀 다르겠지?'라는 특별한 기대심리를 갖도록 그들의 심리를 제대로 파악해야 한다. 발표자는 새롭고 신선한 스피치로 청중의 예상과 직감을 뛰어넘는 오프닝으로 청중을 압도해야 한다.

청중의 연사에 대한 태도는 연사의 공신력에 의해서 결정된다. 따라서 연사는 서론에서 주어진 주제에 대해서 말할 자격이 있는 사람이라는 것을 보여주어야 한다. 연사의 공신력은 설득에 결정적인 영향을 미친다. 그렇기에 오프닝에 에피소드를 넣을 때는 '연사의 공신력'을 자랑할 수 있는 에피소드를 넣는 것도 좋다. 전문성이 있는 강사는 오프닝에서 자신에 대해 알려주는 것이 좋다. 멋진 자기소개를 사회자에게 제공하라. 많은 경력은 필요 없다. '주제에 대해 말할 자격이 있다'는 점만 강조하면 된다. 주제와 관련한 대표 경력, 저술, 대외활동 등이면 충분하다. 공신력을 높이기 위해서는 특히 자신의 '전문성과 선의'를 강조하는 것이 좋다. 청중은 연사의 능력에 대해 확신하고 싶어 한다. 그 주제에 대해 문외한인 사람의 말보다 당연히 전문가의 말을 듣고 싶어 하는 것은 당연하다.

연사가 공신력이 있고 해당 주제에 대해 박식하거나 전문 능력이 있다고 인정되면, 청중은 호의적인 태도로 관심을 갖고 연사의 말을 듣게 된다. 따라서 권위 있는 정보원(sauce)을 찾는데 시간을 허비할 필요가 없다. 공신력은 백 마디의 말보다 더 위력적인 설득 무기다. 그러므로 남을 설득하는 직업을 가진 사람은 스피치 기법을 익히는 것 못지않게 공신력 제고에 신경을 써야 한다.

알찬 내용과 치밀한 조직, 그리고 아름다운 실행 기법에 토대한 완벽한 스피치라 할지라도 청중을 움직일 수 없으면 좋은 스피치가 못 된다. 반대로 한마디 말도 하지 않았는데 청중이 연사의 뜻대로 움직여준다면 그것이 최상의 스피치다.

08
옆집 아저씨,
언니처럼 친근하게 보여라

오늘날, 훌륭한 최고 경영인이란
모름지기 뛰어난 의사소통 능력을 지녀야 한다. • 프레드 스미스

　　매력적인 사람에게는 크게 2가지가 있다고 한다. 첫째는 '전문성'이고 둘째는 '친근감'이다. 사람들은 자신의 일에 전문성을 갖고 열심히 일하는 사람을 좋아한다. 자신의 일에 전문성을 갖고 열정을 다하는 사람, 그리고 그 열정이 고스란히 느껴지는 사람이면 훨씬 더 호감 가는 사람으로 기억된다. 편안함과 친근함을 주는 첫인상이라면 스피치에 있어서 마치 천군마마를 얻은 것만큼 든든할 것이다. 친근함과 편안함은 상대방에게 부담을 주지 않기 때문에 누구나 스피치를 편안하게 들을 수 있다. 친근함이란 잘생기거나 예쁜 것과는 또 다른 매력이다. 처음에는 별로였는데 보면 볼수록 점점 좋아지는 사람이 분명 있다.

　　스피치를 너무 특별한 것으로 생각하지 마라. 잘하려고 하면 할수록 더

큰 부담이 되어 말이 더욱 안 나오는 경우가 많다. 그냥 편하게 얘기한다는 생각을 가져라. 청중과 이야기하듯 말해야 한다. 자연스러운 스피치를 조금 확대한 것, 이것이야말로 청중들이 원하는 수준이다. 친구와의 대화가 자연스러운 것처럼 좋은 스피치는 편하고 자연스러워야 한다. 대부분의 사람들은 앉아서 말을 잘하다가도 일어나면 어딘가 딱딱한 글처럼 변한다. 일어나서도 자연스럽게 말할 수 있도록 스피치를 연습해야 한다.

무대에서 발표한다 생각하면 뭔가 어색하고 경직된 자세가 나오지만, 친구를 만나 자연스럽게 대화를 하듯이 말하면 연극배우 같은 프로다운 자세가 나온다. 스피치에서 중요한 것은 말을 잘하려고 애쓰는 것이 아니라, 친구에게 이야기하듯 자연스럽고 편하게 전달하는 능력을 갖추는 것이다.

처음 만나는 사람에게 친근감을 주려면 '이웃을 사랑하는 마음과 세상을 넓게 보는 안목'이 있어야 한다. 그래야 자연스러운 미소와 부드러운 눈빛이 나온다. 그렇게 되면 사람들은 당신에게 친근함을 느끼고 당신의 스피치를 좋아하게 된다.

전국노래자랑의 장수비결인 MC 송해 씨는 친근함으로 성공한 대표적인 스피치 대통령이다. 1980년 시작된 KBS 〈전국노래자랑〉은 이제 지상파 방송 프로그램 중 가장 오래되었지만, 여전히 시청자의 큰 사랑을 받고 있는 프로그램이다. 지금까지 〈전국노래자랑〉이 존재할 수 있었고, 전 국민의 사랑을 받는 프로그램으로 자리 잡을 수 있었던 비결이 바로 82세라는 나이가 도저히 믿기지 않는 최고령 MC송해 씨였다는 것은 과언이 아니다. 그는 친근함과 편안함을 바탕으로 남녀노소 불문하고 다정하게 끌어당기고, 노련하게 진행한다.

그런데 이러한 진행 스타일은 결코 선천적인 것이 아니다. 그의 철저한 노력의 산물인 것이다. 촬영 전 녹화장소에 내려가 시장을 돌아보고, 사람들의 성향을 파악하고자 노력한다. 또 근처 목욕탕을 찾아 덕담을 나누고, 무슨 일이 있어도 방송을 앞두고 출연자들과 같이 도시락을 나눠 먹으며 미리 교감을 느꼈다. 이처럼 출연자에게 부담을 덜어주려는 배려와 노력이 있었기에 방송에 처음 나오는 일반인들이 부담 없이 그에게 뽀뽀하고 껴안고, 모자를 씌우고, 음식을 먹여주곤 하는 풍경이 자연스럽게 연출되는 것이다.

김용만도 모두가 좋아하는 방송인이다. MC 1순위 캐스팅 후보라고 한다면 당연히 강호동과 유재석이지만, 김용만 역시 빼놓을 수 없는 특급 MC 중 하나임에 틀림없다. 그가 지난 10여 년 동안 MBC에서 터뜨린 대박 프로그램만 해도 10여 개를 육박할 정도니 방송사가 감히 무시할 수 없는 MC이다. 연예계에서도 인간성 좋다고 소문난 김용만이 MC로 성장할 수 있었던 가장 큰 이유는 바로 그 특유의 '친근함과 편안함'에 있다. 호빵맨이라는 그의 별명처럼 그는 옆집 아저씨 같은 느낌을 준다. 전혀 부담스럽거나 거리감이 느껴지지 않는다. 그가 〈칭찬합시다〉, 〈첫차를 타는 사람들〉에 이어 〈책책책, 책을 읽읍시다!〉에서 큰 인기를 끌었던 것도 그가 일반인들에게 연예인답지 않은 친근함과 편안함으로 자연스럽게 다가갔기 때문이다. 이처럼 오랫동안 장수하는 두 MC의 성공비결은 친근함이다. 당신도 대중 앞에서 편안함을 전해주는 명사가 되고자 한다면 친근함을 가져라. 그러면 스피치뿐만 아니라 주변 친구도 늘어날 것이다.

이처럼 친근감을 주는 스피치를 원한다면 연설을 시작하기 전에 청중과 깊게 소통하는 과정이 필요하다. 스피치가 시작될 때 연사들은 가장 긴장하고, 청중은 가장 회의적인 태도를 보인다고 한다. 그래서 연설을 시작하기 전에 먼저 청중과 영적으로 미리 교감하고 소통해야 한다. 일부 연사는 청중에게 소개되자마자 바로 이야기를 시작한다. 이는 준비운동을 하지 않고 물에 뛰어들어 수영하는 것과 같다. 먼저 청중과 정신적으로 감정적으로 소통하라. 이게 청중의 심리에 큰 영향을 미친다. 그들의 마음을 열고, 영혼을 감동시키는 최고의 스피치를 완성시키기 위해서는 가장 편안하고 친근한 모습으로 보여야 한다.

09
내 말이 들리도록
치열하게 고민하라

나는 사람들이 무엇을 듣고 싶어 하는가를 생각하는데 준비시간의 2/3를 쓰고,
내가 말하고자 하는 내용을 생각하는데 나머지 1/3을 쓴다. • 에이브러햄 링컨

　　스피치는 무조건 명쾌해야 한다. 우리나라 고위 정치인들이 하는 연설을
듣다 보면 간혹 "도대체 무슨 말을 하려는 건가?" 하는 의문이 들 때가 종
종 있다. '구렁이 담 넘어가는 식'으로 좋다는 건지 나쁘다는 건지도 모르겠
고, 해야 된다는 건지 말아야 된다는 건지도 알 길이 없을 때가 많다. 물론
정치인이 되면 입장이 다른 이익 단체들을 의식해야 되기 때문에 입장을
모호하게 해놓고 은근슬쩍 넘어가려는 경우도 있기에 더욱 그럴 것이다. 그
러나 이러한 자세는 유권자들을 식상하게 한다. 좋으면 좋다, 싫으면 싫다,
좋은지 싫은지 결정하지 못했으면 아직 결정을 못했다, 입장이 난처해서 말
할 수 없으면 현재로서는 말할 수 없다고 명백하게 밝혀주는 것만큼 속 시
원한 연설은 없다.

프레젠테이션도 마찬가지다. 자료만 주절주절 늘어놓고, 그 사이의 교통 정리를 제대로 해주지 못하면 아주 혼란스런 발표가 되고 만다. 청중은 정보를 얻기는커녕 시간만 낭비한 꼴이 되는 것이다. 그렇기에 대중의 귀에 나의 말이 쏙 들어오게 표현해야 한다.

고대 그리스의 위대한 웅변가였던 데모스테네스가 "연설에 있어서 가장 중요한 3가지 요소는 무엇인가요?"라는 질문을 받았을 때, 그는 "전달, 전달, 전달"이라고 답했다. 내용이 아무리 훌륭하고 유익한 정보라 해도 전달이 잘되지 않으면 스피치의 목적을 달성하기 어렵다는 사실을 일깨워 주는 말일 것이다.

스피치가 명쾌해지기 위해서는 주장과 결론, 논리와 조직, 그리고 표현방식 모두가 분명해야 한다.

1. 주장과 결론이 분명히 제시되어야 한다.

주장이 불분명한 연설이나 결론이 불명확한 프레젠테이션을 듣는 것처럼 맥 빠지는 일은 없다. 사실이나 자료만 이것저것 나열해 놓고, 그것이 좋은지 나쁜지, 이렇게 해야 좋을지 저렇게 해야 좋을지를 밝히지 못하면 청중은 발표를 듣기 전보다 더한 깊은 미궁에 빠지게 될 것이다.

미국 사람들이 흔히 쓰는 말 중에 "So what?"(그래서 어떻다는 말이야?)이라는 말이 있다. 청중의 머릿속에 이런 질문을 떠올리는 애매한 스피치는 결코 좋은 스피치라 할 수 없다. 명확하게 청중의 가슴에 메시지가 파고들어야 한다. 또한 표현이 명쾌해야 한다. 아무리 주장과 논리, 그리고 결론과 체계가 명쾌하게 제시되더라도 표현이 모호하거나 이중적이면 스피치 전체가 불분명해진다. 따라서 좋은 스피치는 의미가 명확한 언어로 전달되어야 한다.

2. 논리와 체계가 일관적이고 체계적이어야 한다.

모호한 논리에 기초하거나 두서없이 전개되는 스피치는 주장이나 결론 없는 스피치 못지않게 불명확하게 느껴진다. 설득을 목적으로 하는 스피치는 논리 정연해야 하고, 정보 제공을 목적으로 하는 스피치에는 체계가 있어야 이해가 쉽다. 논리가 모호하면 주장의 당위성이 떨어지고, 체계가 무너져 청중이 혼란에 빠진다. 논리나 체계는 자신이 말하고자 하는 내용을 완전히 이해하고 있을 때만 바로 세울 수 있다. 따라서 명쾌한 스피치를 원하는 사람은 먼저 자신부터 자기 스피치의 내용을 완전하게 파악하고 있어야 한다.

3. 논리적, 감성적, 인격적인 측면을 한데 버무려 열정적인 스피치를 해야 한다.

흔히 입으로 말하고, 마음으로 듣는다고 한다. 입과 귀는 하나의 기관일 뿐이다. 결국 말을 하고 듣는 것은 그 사람의 인격을 나타낸다. 진정한 커뮤니케이션은 인간과 인간 사이의 인격과의 교감이며, 듣기는 스피치의 시작이다. 사람들은 자기가 좋아하는 주제의 이야기나 음악, 연극, 코미디 등은 마음을 열어 놓고 듣는다. 그러나 자기가 싫어하는 정치인의 연설이나 공연은 마음을 닫고 듣기 때문에 잘 들리지 않는다. 듣는다는 것은 결국 귀로 듣는 것이 아니라 마음으로 듣는 것이라, 마음이 결정한 대로 들리기도 하고 안 들리기도 하는 것이다.

모든 사람은 자기중심적으로 듣고 해석하곤 한다. 타인의 이야기를 자신의 고정관념과 경험, 신념에 한 단계 여과해서 듣는다. 여과는 상대방의 말을 특정한 부분만 골라 듣는 것을 말한다. 자신의 상황과 목적에 맞는 연설이야말로 귀에 잘 들리기 마련이다. 자신의 상황과 잘 맞아떨어지는 말이 들리면 당사자는 감정 이입을 한다. 스피커와 청중의 호흡과 감정이 하나가 되는 순간 놀라운 집중력이 발휘된다.

훌륭한 연사는 최대한의 설득력, 호소력을 발휘하기 위해 온몸을 던져 언어의 마술사가 된다. 빛나는 얼굴 표정과 열정적인 목소리로 스피치 한다. 논리와 시적인 요소를 바탕으로 평범한 대상도 비범하게 바꿔 놓으며, 자신의 생각에 아름다운 옷을 입힌다. 또한 다양한 방법으로 청중을 장악하고, 청중의 욕구와 열정을 부추기고 분위기를 고조시켜 감동을 주며 마무리를 짓는다.

혹시라도 자신과 의견이 다른 반대파가 있는 경우 사소한 공통점이라도 찾아 적대감을 완화시키는 기술이 필요하다. 링컨은 자기를 낮추고 반대파에게 동조를 구한 후 연설을 시작했다. 또한 변호사 앞에 서서 "저는 성공한 변호사가 아니었습니다"라는 말로 상대의 경계심을 누그러뜨린 뒤 연설을 전개했다.

생각보다 많은 사람이 듣기에 매우 서툴다. 듣는 것이 익숙하지 않고 몸에 배지 않아 불편해한다. 들어도 왜곡해서 듣거나 여과해서 듣곤 한다. 스피커는 청중 앞에 서기 전에 제대로 듣고 집중해서 듣도록 그 기술을 치열하게 고민해서 표현해야 한다. 이는 수많은 스피커가 해결해야 할 과제다. 스피커가 고민한 무게만큼 청중은 마음을 열고 두 귀를 쫑긋 세울 수 있을 것이다.

특히, 사람을 변화시키려면 어떤 경우에도 놀리거나 모욕을 주면 안 된다. 청중은 어떤 상황에서도 절대로 이겨야 할 대상이 아니다. 설득하기 위해 겸손하고 밝은 자세로 호감을 이끌어내야 한다. 겸손은 상대의 긴장을 누그러뜨리는 부드러운 촉매제가 된다. 우선적으로 청중의 관심사를 살피고 연사와 청중의 공통점을 찾아 동질감을 갖도록 해야 한다. 그때부터 내 말을 들을 수 있다. 따뜻하고 겸손한 마음은 타인을 설득하는 가장 강력한 무기이다.

10

연습과 준비는
선수가 되는 지름길

자신감을 계발하는 가장 빠르고 효과적인 방법 중 하나는 바로 대중 앞에서 스피치를 통해 성
공 경험을 쌓는 것이다. 할 수 있거나 바라는 것이 있다면 주저하지 말고 지금 바로 시작하라.
대담함은 마술과도 같은 힘을 발휘하게 될 것이다. • 데일 카네기

　19세기 미국의 정치가이자 언론인인 다니엘 웹스터는 "준비 없이 다른

사람 앞에 서는 것은 반나체로 서는 것과 같다"고 말했다. 당신도 반쯤 벌

거벗은 부끄러운 모습으로 청중 앞에 서고 싶지는 않을 것이다. 당연히 자

신감으로 눈부시게 빛나는 아름다운 옷을 입고 싶을 것이다. 그 자신감은

충분한 준비와 연습에서만 나온다. 어떤 사람들은 내용을 충분히 잘 준비했

음에도 불구하고 전달 능력이 부족해서 스피치를 망치는 반면, 어떤 사람은

내용은 평범하지만 뛰어난 전달 기술로 더 효과적인 스피치를 하는 경우도

있다.

　29세 독학으로 강의를 시작해 16년 만에 국민강사 반열에 올랐던 아트

스피치의 김미경 원장은 90분 강의를 위해 A4 30장을 깨알 같은 글씨로

가득 채운다고 한다. 그녀의 화려한 스피치 능력은 거저 주어진 것이 아니다. 1시간 반 강연을 위해 20배의 시간을 들여 철저하게 준비하고 수없이 반복하며 연습을 한 뒤 강연장에 선다. 이처럼 국민강사라는 칭호 뒤에는 아무도 모르는 피나는 준비와 혹독한 연습이 있었다. 그녀는 "프로가 되려면 적어도 스무 번은 연습하고 무대에 오르라"고 충고한다. 각계의 전문 스타강사들도 이렇게 치열하게 준비하기에 청중의 가슴을 벅차오르게 한다. 이처럼 김미경 씨의 말 잘하는 비법은 단연 '연습'이다. 그러나 무작정 연습하는 것이 아니라 '제대로'된 방법과 원칙을 알고, '많이' 연습하는 것이 중요하다. 말하고자 하는 논지를 완전히 소화하여 분위기의 변화에 따라 임기응변할 수 있도록 충분한 연습이 필요하다.

분명한 것은 남들 앞에 서서 말하는 경험을 많이 쌓으면 그만큼 발표불안증도 충분히 극복할 수 있다는 점이다. 기회가 있을 때마다 적극적으로 앞에 나와서 간단하게라도 말하기 경험을 다양하게 쌓는 것이 발표불안증을 완화하고 없애고 선수가 되는 지름길이다. 뭐든지 처음 하는 것은 떨리게 마련이다. 이런 떨림을 없애고 싶다면 아주 많이 경험하는 수밖에 없다. 운전이 편해진 것도 차를 많이 몰고 다녔기 때문이고, 처음엔 그렇게 떨리는 첫 키스를 뒤로하고 키스할 때 잡생각이 날 수 있는 것도 키스에 익숙해졌기 때문이다. 이처럼 강연에서도 아무리 강조해도 지나치지 않는 것은 역시 '연습'이다.

말 잘하는 사람들의 공통점은 말을 많이 해봤다는 점이다. 즉 실전에서 많은 사람과 부딪히면서 연습하고 준비하고 도전했던 사람이다. 그런 기회가 없다면 동일한 상황이라 가정하고 연습하면 된다. 하면 할수록 늘 수밖에 없는 게 말하기다.

네모 난 뿔테 안경, 멜빵, 걷어 올린 와이셔츠 소매 하면 떠오르는 사람이 바로 래리 킹이다. 백발인 래리 킹은 CNN의 라이브 토크쇼 〈래리 킹 라이브〉를 진행한다. '대화의 신'으로 불리는 래리 킹이 이렇게 대성할 수 있었던 가장 큰 이유는 무엇일까?

그는 말할 수 있는 모든 기회를 잡았다. 새벽방송, 일기예보, 스포츠 리포터, 뉴스앵커에 때로는 강연까지 밤낮을 가리지 않고 자청해 일을 맡았다. 래리는 지난 50년 동안 세계적 정치인, 기업인, 학자 등 무려 4만 명을 인터뷰했다. 토니 블레어, 마거릿 대처, 빌 클린턴, 블라디미르 푸틴, 말론 브랜도, 미하일 고르바초프, 마돈나, 마틴 루터 킹 목사 등 일일이 셀 수도 없다.

그리고 말을 잘하기 위해 끊임없이 연습했다. 방이나 자동차 안에서 소리 내어 말했고, 거울 앞에 서서 동작을 곁들여 연습했다. 또 집에 있는 강아지나 고양이, 새나 금붕어와 같은 애완동물을 상대로 말하는 연습을 할 정도로 열정적이었다고 한다. 이처럼 화술도 학습이다. 먼저 기본 요령을 배우고, 연습하고 연습해야 한다.

대한민국 연습벌레 리포터 조영구 씨도 마찬가지이다. 리포터라는 직업은 말을 빠르고 조리 있게 잘해야 한다. 조영구 씨도 리포터가 되기 위해서 수많은 연습을 했다. 큰소리로 길거리 간판 읽기, 큰 소리로 신문 읽기, 심지어는 사람 많은 거리를 지나갈 때 사물과 현상을 묘사하는 멘트를 만들어 혼자서 중얼중얼 열정적으로 연습하기도 했다. 그는 공개방송이 있는 프로그램에 일부러 자청해서 찾아가 방청객을 웃기고 방청객을 상대로 이야기 연습을 했다. 사회를 볼 수 있는 곳이라면 돈이 적던 많던 경험을 쌓기 위해 어디든 달려가서 현장 감각을 익혔다. 특히, 그는 김병찬 아나운서 방송을 모니터하면서 그의 멘트 하나부터 억양까지 모조리 따라하며 그를 닮아가고자 연습했다. 이렇게 피나는 노력의 결과 오늘의 조영구가 된 것이다. 조영구 씨처럼 자신이 닮고 싶은 모델의 스피치를 그대로 흉내 내는 것도 큰 도움이 된다. 하지만 스피치 실력이 일정 수준 이상 올라오면 자신만의 색깔을 가져야 최고로 기억될 수 있다.

명 스피커는 하루아침에 탄생된 것이 아니라 꾸준히 준비해온 사람들이다. 우리 주위에는 선천적으로 타고난 사람처럼 남들이 부러워할 정도로 말을 잘하는 사람이 있다. 그러나 그런 사람도 알고 보면 남보다 먼저 스피치 기술을 배우고 익힌 사람이다. 대기만성이라는 말처럼 누구나 기본은 금방 배울 수 있지만, 명 스피커가 되기까지는 오랜 훈련이 필요하다. 철저한 준비만이 아마추어를 프로의 반열로 올려놓을 수 있다. 올림픽에 출전한 피겨 스케이팅 선수들의 멋진 연기를 보면 감탄하게 된다. 어쩌면 저렇게 어려운 동작을 쉽게 할까 하는 놀라움 때문이다. 하지만 그런 동작은 하루에도 몇 시간씩 수년 이상 연습한 결과이다.

자기표현이 현대인의 큰 무기이며 자기계발의 필수과목인 스피치 능력을 키우려면 '적극성'이 있어야 한다. 직접 몸으로 부딪히고 실수도 하면서 배우고 커가는 것이다.

스피치 명수 중에는 의외로 내성적인 성격 탓에 사람들 앞에 나서기를 꺼리는 사람도 많았다. 심지어는 말더듬이란 언어장애로 대인관계에서 어려움을 겪고 달팽이처럼 웅크리던 이들이 적지 않다. 역사적으로 잘 알려진 인물 가운데 아테네의 웅변가 데모스테네스, 미국의 웅변가 다니엘 우베스터, 영국의 총리 윈스턴 처칠, 미국의 대통령 케네디, 전설적인 경영자 아이어코카에 이르기까지, 실로 많은 성공자가 한때는 형편없는 스피치 때문에 고민하다가, 심기일전하여 스피치를 학습하고 명 스피커가 되었다.

스피치는 하나의 과학이고 기술이다. 과학은 일정한 법칙이 있고, 기술은 일정 기간 동안의 숙달이 필요하다. 따라서 누구나 배우고 익히면 잘할 수 있다. 20세기 최고의 웅변가로 꼽히는 윈스턴 처칠도 심한 말더듬이었다. 이 밖에도 우리에게 잘 알려진 마틴 루터 킹, 버락 오바마 같은 정치 지도자들이나 스티브 잡스, 잭 웰치 같은 최고경영자들 역시 타고난 연사가 아니라 만들어진 대표적 연사다.

대중에게 스피치를 잘하는 사람들은 다음과 같은 몇 가지 특징을 가지고 있다. 핵심적인 팁을 말하자면 다음과 같다.

스피치를 잘하기 위한 핵심 팁

1. 재미있는 내용만 말하라. 지루한 내용은 아예 언급하지 마라.

2. 절대 노골적인 판매를 위한 강연은 하지 마라.

3. 청중을 웃게 만들고 즐겁게 해주는 것에 목표를 가져라.

4. 청중이 어떤 대상인지 정확하게 파악하라.

5. 옷을 잘 차려 입어라.

6. 절대 연설하지 말고 재미있는 '이야기'를 하라.

7. 강의 전에 청중과 충분히 소통하라.

8. 가급적 행사 첫날, 오전에 강연을 하는 것이 좋다.

9. 큰 강의실보다는 작은 곳에서 하는 것이 집중력을 높인다.

10. 말 잘하는 사람들을 분석해서 내 것으로 만든다.

11
질문으로
작업 걸어라

질문을 명확하게 할 수 있다는 것은 벌써 답을 3분의 2만큼
끌어냈다는 것을 의미한다. • 존 러스킨

가끔 길거리를 지나가다가 "복을 타고나셨네요. 도를 아십니까?", "꿈을 많이 꾸지 않으세요?"라며 접근하는 사람들이 있다. 이와 같은 질문에는 자신도 모르게 곰곰이 생각하게 만들고 호기심을 갖게 만드는 놀라운 힘이 있다. '질문이나 충격적인 말, 개인적인 이야기'로 스피치를 시작해보라. '질문'으로 스피치를 시작하는 방법은 '효과적인 오프닝 스킬 3가지' 중 하나다. 충격적인 진술을 하려면 사회적 통념에 이의를 제기할 정도로 강력한 견해를 표출시키면 된다. 연사가 충격적인 표현을 할 때, 가장 많이 의존하는 것은 바로 통계자료이다. 충격을 주는 표현이 청중들의 특별한 감정을 촉발시킨다는 점에 주목해보자.

연사가 오프닝 단계에서 청중과 '무엇'을 공유하면, 청중은 공백 상태로

남은 '왜, 어떻게, 어디서, 언제'라는 나머지 부분을 메우고 싶은 강렬한 욕구가 생기게 된다. 질문은 강의 전반에서 청중을 한껏 집중시키고 함께 교감하고 호흡하는데 가장 유용한 도구이다. 또 적절한 질문으로 강의를 시작하면 자동으로 청중의 시선을 계속적으로 끌고 갈 수 있는 위대한 힘이 생긴다. 또한 사람들은 누구나 질문을 받으면 곧바로 대답해야 한다는 왠지 모를 압박감을 느끼며 자동으로 두뇌가 답을 생각하게 되어 있다. 그래서 질문은 사람들에게 생각하고 집중하게 만든다. 질문을 던지면 청중들은 즉시 생각할 수밖에 없어지면서 자연스럽게 스피치의 주제에 몰입되므로 끝까지 리드하며 스피치 할 수 있게 된다.

자주 사용되는 질문으로는 크게 '수사적 질문'과 '참여식 질문'이 있다.

수사적 질문이란, 연사가 이미 질문에 대한 답을 알고 있는 상태에서 연사가 청중에게 대답을 기대하지 않고 던지는 질문이다. 즉 연사의 주장을 강조하기 위한 특수한 형태의 질문이라고 할 수 있다. 예를 들어 "여러분 중에 건강하고 싶지 않은 사람이 있습니까?"와 같은 질문이 이에 해당된다. 보통 수사적 질문을 한 후에 연사는 스스로가 준비된 답을 제시해주면서 계속해서 자신의 주장을 펴나간다.

누구나 긴장할 수밖에 없는 퍼블릭 스피치 상황, 특히 나 혼자 앞에서 떠들고 있다는 생각이 들면 정말 쑥스럽고 어색하다. 이때 주제와 관련된 간단한 질문을 청중에게 던지면 내게로만 쏟아지던 따가운 시선과 경직된 분위기가 환기되면서 긴장감도 다소 누그러지는 효과가 있다.

"오늘의 발표 주제는 청중을 매혹시키는 프레젠테이션 스킬입니다. 요즘 수많은 회사에서 직원들을 대상으로 활발하게 발표의 기술에 대한 교육을 진행하고 있습니다. 프레젠테이션 스킬을 왜 그렇게 중요하게 생각하는 걸까요?"

질문을 던지면 청중은 자동으로 그에 대한 대답을 각자 머릿속으로 생각해보면서, 스피치 주제 안으로 자연스럽게 성공적인 첫발을 내딛게 된다.

다음 '지하철 1호선 신도림역에서 발견한 칫솔 파는 아저씨의 희망'이라는 이야기는 흔히 인터넷에서 발견할 수 있는데, 스피치에서 '질문'이 가져다주는 집중의 힘을 다시 한 번 느낄 수 있게 해줄 것 같아 소개한다.

지하철 1호선 신도림역에서 어떤 아저씨가 가방을 들고 탔습니다. 아저씨는 헛기침을 몇 번 하더니 가방을 내려놓고 손잡이를 잡았습니다. '익숙한' 이야기가 시작되었습니다.

"자, 여러분! 안녕하십니까? 제가 이렇게 여러분 앞에 나선 이유는 가시는 길에 좋은 물건 하나로 소개해드리고 싶어서입니다. 자, 플라스틱 머리에 솔이 달려있습니다.

이게 무엇일까여? 치이솔(칫솔)입니다.

이걸 뭐 하려고 가지고 나왔을까여? 팔려고 나왔습니다.

얼마일까요? 처어넌(천원)입니다.

뒷면 돌려보겠습니다. 영어 써 있습니다. 메이드 인 코리아!

이게 무슨 뜻일까여? 수출했다는 겁니다.

수출이 잘됐을까여, 안 됐을까여? 망했습니다.

자, 그럼 여러분에게 하나씩 돌려보겠습니다. ”

아저씨는 칫솔을 사람들에게 돌렸습니다. 낯익은 내용이 아닌지라 황당해진 사람들은 웃지도 못했습니다. 칫솔을 다돌린아저씨가말을이었습니다.

“자, 여러분, 여기서 제가 몇 개나 팔 수 있을까여? 여러분도 궁금하시죠? 저도 궁금합니다. 잠시 후에 알려드리겠습니다.”

궁금했습니다. 몇 개나 팔렸을까요? 4개가 팔렸습니다. 말이 이어졌습니다.

“자, 여러분, 칫솔 네에 개 팔았습니다.

얼마 벌었을까요? 팔아서 4000원 벌었습니다.

제가 실망했을까여? 안 했을까여? 저얼때(절대) 안 합니다. 바로 다음 칸으로 갑니다!”

이 아저씨는 가방을 들고 유유히 다음 칸으로 건너갔다고 한다. 남아 있는 사람들은 모두 박장대소 난리가 났다. 잠시 웃다가 생각해보니 아저씨는 웃음만 준 것이 아니었다.

그 아저씨가 우리에게 보여준 것은 바로 '희망'이었던 것이다. 그 아저씨처럼 누구에게나 '다음 칸'이 있기 마련이다. 이 아저씨처럼 우리에게도 희망이 있다. 그 희망은 끊임없는 시도와 실패를 통해 발견하게 된다. 비록 지금은 힘들고 어렵지만 내일은 더 나아질 것이라는 희망이 앞을 향해 나아가게 하는 원동력이 된다. 그리고 어제의 실패를 잊고 다시 자신의 역량을 집중하게 만드는 에너지가 된다.

완성도 높은 스피치 스킬을 익히기 위해서는 지하철에서 칫솔 파는 아저씨처럼 도전정신과 긍정적인 생각을 갖고 끊임없이 시도해야만 발전할 수 있고, 결국 프로로 거듭날 수 있다.

12
나만의 강력한
콘텐츠를 만드는 법

가만히 보면 우리들이 평소에 나누는 대화는 신문이나 잡지, 다이제스트
따위를 훑어보고 얻은 사실이나 이론을 인용해 서로가 이렇다 저렇다
하며 자기주장을 내세우는 것에 불과하다. •헨리 밀러

수많은 정보 홍수 속에서 스피커가 소개하는 영상이나 일화가 청중에게
이미 익숙해서는 안 된다. 콘텐츠는 갓 잡은 팔딱이는 물고기처럼 신선해야
한다. 보통 스토리는 구체적인 에피소드로 만들어지는데, 나만의 스토리는
색깔과 향기를 뿜어내고 모두에게 쉽게 기억되는 특별한 사람으로 포지셔
닝하게 만든다.

스피치를 위해 '청중과 공감할 수 있는 흥미로운 에피소드'를 많이 준비
하자. 그러기 위해서는 생활 속에서 특별한 노력이 필요하다. 평소에 접하
게 되는 유익한 에피소드를 놓치지 않기 위해서는 항상 깨어 있는 자세로
메모해야 한다. 활용가치가 있는 대화와 색다른 경험, 그리고 순간 떠오르
는 번뜩이는 발상을 놓치지 말자. 그렇기에 스피치는 한마디로 '관심'이라

고 할 수 있다. 관심이 없으면 생활 속에서 소재가 보이지 않는 것은 당연하다. 모든 소재가 사람 입에서 나온다 생각하고 지금부터라도 사람 자체에 대한 관심과 호기심을 가득 품고 생활하자.

에피소드를 활용할 때는 가능한 내 주변, 바로 발밑에 있는 소재를 활용하는 것이 좋다. 책에서 발췌한 내용보다 내가 직접 경험한 생생한 에피소드가 마음에 더 와 닿기 마련이다. 남에게 들었던 내용은 아무래도 설득력이 약할 수밖에 없다.

에피소드는 흥미를 불러일으키는 이야기 형식이라 꾸벅꾸벅 졸고 있는 청중의 잠을 순식간에 쫓아내는 마력이 있다. 특히 우리나라 사람들은 이야기 들려주는 것을 무척 좋아한다. 그래서 교회에는 유난히 에피소드에 집착하는 목회자들이 많은지도 모른다. 목사님의 설교 시간 앞자리에 앉은 성도가 머리를 앞뒤로 현란하게 휘저으며 지휘하듯 심하게 졸고 있는 모습을 종종 목격할 수 있다. 이때 목사님이 "그런데 실제로 있었던 이야기입니다"라고 하면 그 말이 떨어지기 무섭게 졸고 있던 성도가 갑자기 눈을 번쩍 뜨는 진기한 현상이 벌어진다. 아직 이야기를 시작도 안 했는데도 말이다.

바로 이것이 이야기가 지닌 강력한 힘이다. 이야기를 풀어주면 모두가 눈을 말똥말똥 뜨고 이야기에 심취해 자신도 모르게 깊이 빠져든다. 청중을 집중시키는 놀라운 힘을 지닌 에피소드는 스피커가 굳이 특별히 강조하지 않아도 자연스럽게 청중이 각자 자신의 상황에 맞게 해석하고 받아들이게 된다. 그래서 어떻게 행동해야 하는지 개인들에게 적당한 방향을 적절히 제시해 주는 맞춤 길잡이 역할을 한다.

요즘은 일상 대화뿐만 아니라 마케팅, 광고, 프레젠테이션 할 것 없이 모두 '스토리텔링'을 강조한다. 스토리텔링은 말 그대로 '상대방에게 말하고자 하는 바를 재미있고 생생한 이야기형식으로 설득력 있게 전달하는 기술'이다. 스피치에 스토리텔링이 첨가되면 이야기라는 형식 그 자체가 흥미로운 특징이 있기에 청중을 쉽게 몰입하게 만든다. 내 이야기에 점점 깊이 빠져들어 고개를 끄덕이면서 공감하는 청중을 보면, 그들의 마음이 나와 함께 살아서 움직이고 있다는 것을 느낄 수 있다.

좋은 스토리는 이렇게 발표자와 청중 사이를 한층 끈끈하게 이어주는 가교 역할을 한다. 반면에 그저 단편적인 사실, 무미건조한 이론만을 나열하면 사람들은 하품을 하며 지루함을 느낀다. 피부로 와 닿지 않는 이론만 나열하는 스피치는 무미건조하고 재미도 없다. 이론은 책을 통해서 스스로 얼마든지 깊이 알아낼 수 있다. 그보다 뭔가 사람 마음을 톡톡 건드려주고, 놀라운 상상력을 한껏 자극하는 신선한 스토리가 필요하다. 차가운 이성보다는 따뜻한 감성을 부드럽게 터치해 마음을 말랑말랑하게 만들어 버리는 것. 이것이 스토리가 지닌 힘이다.

우리는 상대방과 유사한 경험을 공유할 때 깊은 공감대가 형성된다. 즉 누구나 겪어봤을 법한 경험담을 말할 때 청중은 마치 그것이 자기 이야기인 것처럼 여겨져서 스피치에 깊이 몰입하게 된다. 공감할 수 있는 이야기는 청중과 발표자 사이의 보이지 않는 두꺼운 벽을 과감히 허물어준다. 그리고 짧은 순간에 친근감을 활짝 꽃피워준다.

특히 꾸준한 노력을 통해 성취감을 맛본 이야기, 남들이 하지 않는 새로운 분야에 도전해 극적으로 성공한 이야기, 실패와 좌절을 무한 반복하다 마침내 어떤 계기로 크게 성공한 역동적인 경험 등은 청중에게 큰 희망과 기대감을 전해준다. 이야기를 들으면서 '나도 열심히 하다보면 저런 날이 올 수 있겠구나!', '힘들고 어려운 과정 끝에 비로소 좋은 날이 올 수 있음이 분명해!' 하며 자기 상황에 대입하고 감정이입을 하며 진지하게 듣게 된다. 청중 스스로 '나도 해낼 수 있어! 다시 한 번 도전해보자!' 하는 푸른 희망을 품게 된다면 그 스피치는 이미 절반은 성공한 셈이다.

경험담에 그동안 읽고 들었던 이야기, 주변의 다양한 사연들을 덧붙여 한층 더 풍성한 스토리로 완성하거나, 새로운 관점으로 각색해 색다른 이야기로 만드는 것도 좋은 방법이 될 수 있다. 스토리텔링은 직접적인 방법이 아닌, 간접적인 설득이다. 일방적으로 내가 전달하고자 하는 메시지를 강력하게 주장하기보다는 일단 스토리를 통해 흥미롭게 이야기를 전개하고, 마지막에 자신이 진짜 전하고 싶은 메시지로 매끄럽게 연결시켜 마무리하는 것이 좋다.

다양한 소재와 정보는 스피치를 풍성하고 특별하게 만든다. 만일 내가 알고 있는 정보가 부족할 때는 '타인의 정보'를 활용하거나 논문을 보고, 신문·인터넷·책을 통해 끊임없이 새로운 정보를 찾아야만 한다. 이렇게 자료 수집을 충분히 다하고 난 후에는 자료를 분석하는 과정이 필요하다. 수집한 정보에서 내게 꼭 필요한 알곡 같은 알짜정보가 어떤 것인지 살펴본후, 알맹이만 추려내서 내가 말하고자 하는 핵심 메시지로 탄탄하게 정리하면 된다.

유창한 입담으로 유명한 김제동의 달변의 비결은 바로 독서와 신문이라고 한다. 신문 읽기는 어휘력과 문장력을 키우는 데도 큰 도움이 된다. 김제동은 특히 신문 사설을 좋아하는데 그 이유에 대해 다음과 같이 말했다.

"논설이나 사설을 읽을 때 충분한 시간을 갖고 정독하는 편이에요. 이런 글들은 대부분 기승전결이 정확하거든요. 우리가 말하거나 글을 쓸 때도 화제를 던지고 얘기하다가 뭔가 결론을 제시해야 하잖아요. 사설이나 말하기의 표현 방법은 다르지만 그 원칙은 같아요. 신문은 바로 그 원칙에 충실하기 때문에 배울 점이 많은 거죠."

이처럼 그는 사설 읽기에 한발 더 나아가 내용이 서로 상이한 두 개의 사설을 읽고, 비교해보고 자기 생각까지 글로 적어 스크랩하는 정성을 쏟는다. 김제동의 이 같은 철저한 노력이 있었기에 대구에서 가장 잘나가는 레크리에이션 MC에서 방송 MC로까지 사랑받을 수 있었던 것이다.

그처럼 남에게 좋은 영향을 주는 말을 하기 위해서는 독서도 남달라야 한다. 에피소드 사냥꾼이 되면 책 읽는 방법도 달라질 수밖에 없다. 책을 읽다가 좋은 구절이 나오면 그걸 활용해 A4 한 장 정도의 에피소드로 잘 정리해 놓으면 좋다. 평소 신문도 활용하면 큰 도움이 된다. 지면에서 쓸 만한 기사를 발견하면 스크랩하고, A4 한 장 정도의 에피소드로 다시 정리해 두면 좋다. 그 뒤 포스트잇을 붙여 마케팅, 자기 계발, 혁신 등으로 각 주제에 맞춰 구분해서 정리해 둔다.

영화나 TV 시청도 별나야 한다. 한마디로 에피소드 열성가가 되어 TV 앞에는 항상 메모지와 볼펜이 있어야 한다. 평소 다큐멘터리를 많이 본다면 수시로 메모를 하면서 봐야 한다. 영화관에 갈 때도 포스트잇과 볼펜을 챙겨 가야 한다. 가끔 스피치 영상 자료로 동영상이 유익하게 쓰일 때가 있는데, 눈여겨본 영화 장면을 적절하게 활용하면 많은 도움이 된다. 대표적으로 활용할 몇 개의 주제들을 머릿속에 미리 입력한 다음 관련 장면이 나올 때마다 수시로 메모하면 된다. 쉬운 일은 아니지만 일상생활의 관찰을 통해 유능한 스피커가 되기 위해서라면 감내해야 할 과정이다.

평소 관찰력이 뛰어난 사람이 소재도 풍성하고 대화를 유창하게 잘할 수밖에 없다. 토크쇼의 황제 유재석과 강호동은 신기하게도 상황에 맞는 에피소드를 풍성하게 들려준다. 잘 살펴보면 그것들은 당연히 즉석에서 나올 수 있는 가벼운 이야기들이 아니다. 평소 생활에서 꾸준히 관찰해서 에피소드로 각색한 것이다. 그들은 수많은 에피소드들을 잘 기록하고, 머릿속에 기억해 두었다가 상황에 맞게 하나씩 머릿속에서 꺼낸다.

스토리텔링은 정보를 단순히 전달하는 것이 아니다. 전달하고자 하는 내용을 쉽게 이해시키고, 오랫동안 기억하게 하며, 정서적 몰입과 공감을 동시에 이끌어낸다. 스토리는 상대방에게 어떤 생각을 일방적으로 강요하지 않으면서 상대방을 자신이 원하는 방향으로 이끌어갈 수 있는 부드럽고 강한 힘을 갖고 있다. 사람들은 보통 설교보다는 한 토막의 흥미로운 이야기를 훨씬 더 선호한다. 청중의 마음을 사로잡는 명품 스피치를 하고 싶다면 자신은 물론 다른 실존 인물들의 생생한 에피소드나 상징적인 예화를 풍부하게 준비해 놓았다가 이를 적절하게 곁들여 말해보자. "하나의 예화가 한 편의 설교보다 낫다"라고 말한 명 스피커 로널드 레이건 대통령의 주장이 정말 맞다는 것을 온몸으로 실감할 수 있을 것이다.

03장

스토리텔링 및 클로징

상대를
행동하게 만드는
신들린 말하기

01
스토리로 맛있는
스피치를 완성하라

상대방의 일을 화제로 삼는다면 상대방은 몇 시간이든
귀 기울여 줄 것이다. • 벤자민 디즈레일리

인간사는 곧, 이야기라고 할 수 있다. 이야기는 인간의 본능이며 인간은
이야기를 통해 사회를 이해한다. 미국 캘리포니아대학교 영문학과 교수인
존 닐(John D. Niles)은 그런 인간을 호모 나랜스(Homo Narrans)라고 불렀
다. 1999년에는 '이야기하는 사람'이라는 신조어가 생길 정도였다.

사람들은 늘 이야기를 갈망한다. 그래서 본능적으로 흥미로운 이야기에
끌리게 되어 있다. 이야기는 단번에 이해하기 쉽고 감성적인 언어로서 정보
를 제공하는 형태이다. 재미있는 이야기는 상대를 꼼짝 못하게 할 정도로
엄청난 위력을 지니고 있으며, 마음껏 상상의 나래를 펼치게 만든다. 심금
을 울린 이야기는 평생 잊지 못하기도 한다. 그 누가 들어도 쉽게 공감할 수
있는 스토리를 만들어내야 한다.

솔직히 다른 사람의 마음을 바꾸는 일은 결코 쉽지 않다. 그래서 누군가를 설득해 자신의 주장을 관철하고자 한다면, 상대가 자연스럽게 스스로 깨달을 수 있는 간접적이고 감성적인 방법을 찾아야 한다. 이때 필요한 것은 논리적인 설득이 아니라 감성과 공감이다. 청중의 마음 문을 활짝 열고 사로잡을 수 있는 강력한 마법의 주문은 단연 '스토리텔링'이다.

지금은 정치나 경제, 사회의 영역에서도 스토리가 있는 리더가 한 몸에 관심을 끄는 세상이 다. 미래학자이며 소설가 롤프 옌센(Rolf Jensen, 1942~)도 "미래사회 최고의 리더는 스토리를 생산해내는 사람"이라고 했다.

성공한 리더는 드라마틱한 인생 스토리를 가지고 있는 경우가 많다. 가령 애플에는 방향과 도전이라는 스티브 잡스의 생애가 그대로 담겨 있다. 소 판돈을 훔쳐 가출한 정주영 회장의 소떼 방북은 감동이 넘치는 최고의 스토리텔링 히트작으로 기억된다. 미래학자이자 교수이자 문명비평가인 프랑스의 석학 기소르망(Guy Sorman)도 1998년 소떼 1001마리를 이끌고 판문점을 건넜던 고(故) 정주영 현대그룹 명예회장의 소떼 방북 이벤트를 '20세기 최후의 전위예술'이라고 극찬한 바 있다.

대통령 선거에서도 승자와 패자는 스토리에서 확연한 차이가 난다. 2002년 노무현 후보에게는 불의에 저항한 인권변호사라는 반듯한 이미지와 서민 출신이라는 스토리가 있었다. 반면에 매사 똑부러지는 대쪽 판사 이미지였던 이회창 후보는 아들의 병역 이슈가 터지면서 자신의 이미지를 한순간에 잃어버렸다. 2007년 이명박 후보는 샐러리맨의 성공신화를 강조하며 일 잘하는 대통령 이미지를 설파했다. 또 2012년 박근혜 대통령은 대통령 후보로서 신뢰와 애국심으로 자신을 나타내고 이미지화하는데 성공했다. 특히 2006년 흉기테러로 입은 얼굴 상처를 통해 국가에 대한 헌신적인 이미지를 상징화했다. 이는 부모를 총탄에 잃은 애처로운 과거사와 겹쳐지면서 동정심과 애국심을 동시에 자극하기에 부족함이 없는 사건이었다.

박원순 서울시장의 스토리텔링도 눈여겨 볼만하다. 2011년 11월 박 시장은 비용이 전혀 들지 않는 실속 있는 온라인 취임식을 거행했다. 최초로 시장 집무실과 화장실을 널리 공개했다. '이상한 나라의 헌책방'이라고 이름을 붙인 집무실에는 선거운동 중 시민들이 적어준 정책 아이디어가 빼곡하게 붙어 있었다. 이는 1000만 시장이지만 작은 약속도 꼭 지키는 믿음직한 리더로 인식시키려는 시도였을 것이다. 시민운동가로 출발한 박 시장은 작고 부드러운 이미지로 자신만의 성공스토리를 써내려가고 있던 것이었다. 이와 같이 대중은 유명인사의 말과 행동에서 과거의 숨은 스토리를 짐작해내고 신선한 자극을 받는다. 외부에 아직 널리 알려지지 않은 뒷이야기에 귀가 솔깃한 것은 어쩌면 인간의 본성일 것이다.

성공적인 스피치는 듣는 순간 끝나는 바람과 같은 것이 아니다. 청중의 뇌리 속에 깊은 울림으로 남아 오래도록 기억되어야 할 것이다. 유의미한 콘텐츠를 포함하는 것과 동시에 오늘 스피치가 어떤 스토리로 기억될지 담겨 있어야 한다. 영화처럼 극적인 스토리를 만들면 청중을 깊은 감동으로 이끌 수 있다. 히틀러는 다음과 같이 말했다.

"극장 수백만 개를 지으면 영화를 통해 세상을 지배할 수 있다."

러시아 혁명가 레닌 또한 영화의 스토리텔링 효과를 간파했다. 그는 "가장 중요한 예술은 영화"라면서 수많은 선동영화를 만들었다. 성공하는 스토리텔링 공식은 영화와 거의 비슷하다고 볼 수 있다.

리처드 맥스웰의 저서 《5가지만 알면 나도 스토리텔링 전문가》에는 성공하는 스토리텔링의 공통점 5가지가 나온다.

1. 이야기에 대한 열정
2. 청중의 공감대를 이끌어내는 영웅
3. 영웅이 극복해야 할 악당
4. 영웅을 성장하게 만드는 깨달음
5. 최종적인 세상의 변화

스피치의 생명은 단연 스토리이다. 그렇기에 평소 마음껏 경험하고, 경험을 스토리로 자유롭게 써내려가고, 남의 것을 모방도 해보자. 서적이나 언론 등에 나온 토픽거리나 재미있는 에피소드를 평소 외워두면 유용하게 써먹을 수 있다. 모방이 창조를 낳는 법이다.

역사와 고전은 스토리의 보고이다. 역사로 남았다는 것은 기록할 만한 가치가 있다는 의미일 것이다. 오랫동안 읽히는 고전은 보편적 이성이나 교양서적으로 인정받고 있다는 뜻이다. 또한 책이나 방송, 인터넷 등을 통한 간접 경험도 계획적으로 설계할 필요가 있다. 링컨의 계획적인 책 읽기처럼 목차를 보고 연관 지식을 축적하는 것도 좋은 방법이다. 사건, 사고 등에 대해 스피치 할 때는 미리 스마트폰을 통해 기본정보를 철저히 파악해 이를 잘 활용하는 것이 좋다.

전어라는 생선은 고급어종은 아니다. 그러나 '가을 전어는 깨가 서 말'이라는 속담이나 '집 나간 며느리도 돌아온다'는 스토리가 전어를 더욱더 찾게 만들었다. 이처럼 스토리는 사람들의 머릿속에 인상 깊은 그림을 그려준다. 사람들은 단순히 팩트(fact)를 퍼붓는다고 설득되지 않는다. 감성에 호소할 수 있어야 한다. 이를 위한 전략이자 수단은 당연히 감동이 담긴 스토리이다.

미국 최초의 흑인 대통령 버락 오바마를 만든 키워드는 모두가 공감하는 이야기이다. 대통령 수락 연설 시 106세 된 흑인 쿠퍼 할머니 이야기를 할 때 미국 시민들의 눈에 눈물이 그렁그렁 맺혔다. 그는 미국인들을 하나로 엮을 공통의 끈을 찾았던 것이다. 빌 클린턴 대통령은 '정치란 사람들에게 더 나은 이야기를 들려주는 것에 관한 일'이라고 말했다. 딱딱한 정치 이야기는 머리 아픈 팩트일 뿐이다.

대화를 할 때도 '나는 믿을만한 사람입니다'라는 팩트보다는 정직이나 신뢰와 얽힌 이야기를 들려주는 것이 훨씬 효과적이다. 대화를 한다는 것, 스피치를 한다는 것은 단순히 이야기를 하고 듣는 것이 아니다. 깊은 가을 날, 밝은 달빛을 받으며 오솔길을 둘이서 걷는 것처럼 교감을 나눈다는 의미다.

02

직설화법은 금물,
암시의 힘을 활용하라

심리에 영향을 미친다는 점에서는 비슷하지만, 암시는 명령이나 정보
전달, 지시와 같은 방법과는 분명한 차이가 있다. 즉 암시를 통해 다른
사람의 머릿속에 어떤 생각을 불어넣을 경우, 출처를 따져보지도 않고
마치 스스로 그런 생각을 한 것처럼 자연스럽게 받아들인다.
• 프로이트

대중을 유혹하고 심리전에서 승리하기 위해서는 절대 말로만은 안 된다.
암시의 힘을 이용해야 청중의 마음을 조종하고, 원하는 방향으로 이끌어가
는 주도권을 쥘 수 있다. 암시라는 것은 뭔가 한 번에 알기 힘든 애매한 말
을 던지거나, 상대가 마치 자기 의견인 것처럼 믿어버리도록 자연스럽게 사
람들 마음에 어떤 생각을 심어놓는 기술이다. 그런 점에서 암시는 사람들에
게 영향을 미치는 최고 수단이자, 조용하지만 함부로 거부하기 힘든 매우
강력한 힘이다.

매번 한 번에 끓어버리는 물처럼 너무 분명하게만 말하는 것은 좋지 않
다. 물의 온도를 천천히 올리면서 서서히 익히듯 간접적으로 표현해보라.
당신의 의도를 대놓고 미리 알리는 것은 심리적으로 별 감흥이 없다. 청중

에게 자기 의도를 처음부터 대놓고 말하지 마라. 약간의 힌트를 주고 다소 알쏭달쏭한 느낌을 유지하면서 호기심으로 당신의 말에 빠져들도록 하라. 사람들은 자기 마음을 바꿔버릴 것 같은 말들은 듣기 싫어하고 방어하는 경향이 강하다. 혹시라도 마음이 조금이라도 상대가 말한 대로 바뀌었다고 해도 자기 스스로가 설득한 것이라고 믿고 싶어 한다. 그러므로 연사는 가급적 직선적인 표현을 피하고 암시를 활용해서 말하는 것이 좋다.

암시적으로 표현하는 방법은 의외로 간단하다. 청중 앞에서 스피치를 할 때는 물론 평소 생활에도 암시의 힘은 동일하게 적용된다. 지극히 일상적이고 평범한 말이나 우연한 만남을 가장해서 넌지시 힌트를 던져 주면 된다. 그래서 어떤 부분에서 암시는 '사람들 감정에 호소하는 간접적인 고급 기술'이다. 대중을 포함해서 누군가를 유혹할 때에도 암시의 힘은 효과적이다. 너무 직접적으로 나올 경우 상대는 유혹자의 속셈을 단박에 간파하고 긴급히 방어 자세를 취하게 되는 심리가 있다. 약간은 애매모호한 표현, 매혹적인 눈길이 곁들여진 담백하고 평범한 대화를 교묘하게 구사해가면서 상대를 약간 혼란스럽게 만들 줄 알아야 한다.

세일즈를 할 때에도 마찬가지다. 너무 직접적인 표현은 상대가 설득당하고 싶지 않다는 방어 자세를 갖게 되기 때문에 마음을 닫게 된다. 이때는 긍정적인 암시로 상황을 이끌어 가는 것이 좋다.

"이미 잘 아시리라 믿고 있습니다만~"

이런 표현은 상대가 이미 아는 것으로 착각할 수 있게 된다. 또한 "구매하지 않으시겠습니까?", "마음에 쏙 들지 않으십니까?", "저렴하다고 생각하지 않으십니까?"와 같은 부정 암시로 질문을 받게 되면, "구매하지 않겠다", "마음에 쏙 드는 편은 아니다", "저렴하다고 생각되진 않는다"는 인상이 상대편 머릿속에 심어지고 만다. 그래서 무의식적으로 부정적인 답변이 나오게 되는 것이다. 대신에 긍정암시를 활용하여 상대도 자연스럽게 '정말 그렇네'라고 무의식중에 긍정하도록 만들어보자.

구매하지 않으시겠습니까?, 마음에 쏙 들지 않으십니까?, 저렴하다고 생각하지 않으십니까? → 마음에 쏙 드시죠?, 정말 잘 어울리십니다, 다들 좋아하십니다.

암시가 효과적인 이유는 단순히 사람들의 저항 본능을 없애주기 때문만은 아니다. 암시는 인간에게 쾌락의 언어이기도 하다. 평범하고 단순한 일상 속에 환상은 존재하지 않는다. 암시가 유혹적인 분위기를 뿜어내는 이유는 사람들에게 지루한 일상에서 탈출해 평소 경험하기 힘든 환상적인 신세계로 들어선 듯한 환상과 착각을 불러일으키고, 마치 꿈을 이루어줄 수 있을 것만 같은 환상을 심어줄 수 있기 때문이다.

유혹자가 던진 힌트는 작은 씨앗이 되어 상대의 마음 한구석에 자리 잡게 된다. 시간이 갈수록 상대는 알 수 없는 미묘한 불안감에 시달리기도 한다. 일단 그런 심리 상태가 시작되면 불안감이 어디서부터 왔는지 출처는 쉽게 잊어버리고, 불안이라는 감정만 은근히 남겨져 싹을 틔운다. 이때 불안감의 정도가 너무 미묘하고 잔잔해서 당시에는 눈치 채기 어렵지만, 나중에 그 작은 씨앗이 슬며시 뿌리를 내리고 무럭무럭 자라게 되면 무서운 힘을 발휘한다. 그러면 상대는 자신도 모르게 자신이 원래부터 그런 생각을 하고 있었다는 착각에 쉽게 빠져든다.

이처럼 암시의 기술을 사용하면 사람들의 본능적인 방어본능과 저항을 쉽게 피해 원하는 바대로 이룰 수 있다. 사람들은 자기 머릿속에서 나온 의견에만 귀를 기울이고 중요하게 생각하는 경향이 있다. 그래서 암시의 언어와 기술을 터득하지 않고서는 어떤 유혹자나 설득자도 혹하기 어렵다. 암시라는 것은 그 자체만으로도 상대의 무의식과 직접 대화를 나누는 마법의 언어이라고 할 수 있다. 그래서 가령 본능적인 쾌락과 부유함, 건강, 신나는 모험과 같이 사람들이 열망하는 것들을 은근히 암시하면 상대에게 환상을 가득 심어줘서 자연스럽게 당신이 원하는 대로 상대를 이끌어갈 수 있다.

1907년 나폴레옹 보나파르트도 암시의 힘을 능숙하게 활용하여 원하는 바를 손에 넣을 줄 아는 인물이었다. 그는 상황을 자신에게 유리하게 이끌어가려면 러시아 황제 알렉산드르 1세를 자기 편으로 만들어야 한다고 생각했다. 그는 황제로부터 평화조약과 결혼 동맹 이 2가지를 얻어내고 싶었다. 당시 그의 계획이 이뤄진다면 유럽과 중동을 사이좋게 나눔과 동시에 조제핀과 이혼하고, 호아제의 가족이 됨으로써 양국의 우의를 돈독하게 다질 수 있는 상황이었다.

나폴레옹은 이 2가지를 직접적으로 제안하지 않고 황제를 은근히 유혹하기로 결심했다. 나폴레옹은 우연을 가장한 사교 모임과 우호적인 대화를 통해 목적을 이룰 수 있는 의도적인 작업을 계속 이어나갔다. 그는 지나가듯이 조제핀이 아이를 낳을 수 없다고 말한 뒤 재빨리 화제를 돌려버리는 방법을 사용했다. 황제와 헤어지기 직전에 나폴레옹은 구슬픈 한숨을 내쉬며 자식이 없어 허전하다는 얘기를 늘어놓고 황제를 남겨둔 채 이젠 자러 가야겠다며 몸을 피했다. 당연히 황제는 나폴레옹의 말을 곰곰이 생각하며 잠자리에 들게 된다.

또한 프랑스와 러시아의 운명적 관계를 암시하는 듯한 발언도 종종 흘렸다. 나폴레옹은 황제와 함께 영광과 명예, 제국을 주제로 한 연극을 관람한 후 연극 이야기를 하면서 자신의 의도가 드러나지 않게 위장할 수 있었다. 몇 주가 지나자, 황제는 마치 자신의 생각인 것처럼 신하들에게 프랑스와의 결혼 동맹과 평화조약에 관해 언급하게 되는 놀라운 일이 벌어졌다.

이처럼 무심결에 나온 말이나 잠자리에 들기 전에 슬쩍 흘리는 말, 마음을 부드럽게 이끄는 간접적인 말은 엄청난 암시 효과를 발휘한다. 이런 말들은 마치 독처럼 사람들의 피부 밑으로 스며들어 스스로 생명력을 꽃피우게 된다. 이런 암시는 상대가 긴장을 살짝 풀고 있거나 주의가 분산되어 있을 때 시도하는 것이 효과적이다. 암시를 제대로 작동하게 하려면 상대가 무슨 일이 일어나고 있는지 인식하지 못하는 자연스러운 상태가 가장 좋다. 사람들은 대화할 때 일반적으로 다음번에 할 말을 계속 생각하고 자신만의 생각에 빠져들게 된다. 그 틈을 노려 뭔가 암시적인 말을 슬쩍 흘린다면 상대가 전혀 눈치채지 못하게 의도한 대로 몰아갈 수 있다.

특히 존 F. 케네디도 대중 앞에서 효과적인 암시나 전략적인 이미지메이킹으로 자신이 원하는 바를 이루었다. 그는 선거전 초반에 재향 군인들을 모아놓고 연설을 했다. 그들은 모두 제2차 세계대전 당시 케네디가 보여준 용감한 행동을 모두 잘 알고 있었기에 케네디는 단숨에 전쟁 영웅으로 떠오르게 됐다. 그러나 그는 PT형 어뢰정에 타고 있던 다른 사람들 이야기만 계속 했다. 자기 이야기를 굳이 하지 않아도 사람들 스스로가 자연스럽게 그 일을 상기하게 만들었다. 이것도 일종의 암시의 힘을 이용한 처세이다. 그 결과 케네디는 영웅이라는 말과 동시에 겸손함까지 겸비한 모든 것을 갖춘 완벽한 인물로 비쳐지게 됐다. 그는 바로 이런 효과를 노린 것이었다.

유혹에 있어서도 진짜 자신이 원하는 바를 달성하기 위한다면 상대에게 직접적인 사랑 고백은 절대 금물이다. 이는 가장 낮은 수준의 유혹의 기술이다. 상대로 하여금 방어하게 만들기 때문에 그만큼 실패 가능성이 높아진다. 특히, 행동이나 태도를 통해 상대가 간접적으로 느낄 수 있게 만드는 것이 가장 중요한 유혹의 포인트이다.

말은 평범하게 하되 눈빛으로 유혹적인 분위기를 연출하라. 눈빛을 포함한 얼굴 표정은 생각보다 많은 말을 한다. 우리는 대화를 하면서 다른 사람들의 표정을 읽기 위해 매 순간 노력한다. 진심을 파악하고 싶은 생각이 강하기 때문이다. 비교적 통제하기 쉬운 말보다 얼굴 표정을 통해서 상대의 감정 상태를 파악하는 것이 더 정확할 때가 많다. 상대가 말하는 것이 진심인지, 거짓말인지가 행동이나 표정에서 모두 드러나기 때문이다. 따라서 자신이 암시하고자 하는 내용을 표정에 담아 전달한다면 훨씬 효과적인 결과를 얻을 수 있을 것이다.

03
변화무쌍함으로
맘껏 표현하라

새로운 삶은 하루아침에 시작되지 않는다. 영원한 것은
오로지 변화뿐이다. • 헤라클레이토스

스피치가 역동적인 느낌을 주면서 사람들의 귀에 쏙쏙 들어가기를 원한
다면 강약과 고저를 자유자재로 구사하라. 인간은 선천적으로 변화를 감지
하도록 태어났다. 그래서 연설문을 전달할 때와 스피치 하는 방법을 다양하
게 바꾸면 중요한 대목에서 청중의 관심과 흥미를 끌 수 있다. 저명한 연사
들 대부분은 속도와 성량을 변화무쌍하게 바꿔서 말하는 기술을 사용하고
있다. 속도와 성량을 다양하게 바꿔서 메시지를 전달하고 음색에 변화를 주
자. 나아가 연설 내용의 감정적 상황에 따라 그 분위기에 어울리는 목소리
를 적절하게 맞출 수 있어야 한다.

'말을 노래 부르듯 하라'는 말이 있다. 이것은 말소리에 변화를 주어 리
듬감 있게 표현하라는 뜻이다. 리듬감 있는 말소리는 듣기 편해서 집중해

서 들을 수 있다. 청중과 교감을 원한다면 리듬감 있게 말하는 연습을 해서 자연스럽게 몸에 배도록 해보자. 리듬감을 만들어내는데 영향을 미치는 대표적인 요소는 '말의 음량, 억양, 강조, 속도, 쉼(포즈)'이다. 기본 목소리에서 전달 속도(느린 속도에서 빠른 속도로)와 성량(부드러운 목소리에서 큰 목소리로)을 다양하게 바꿔서 표현해야 한다. 더욱 미묘한 효과를 낼 수 있도록 음의 고저와 리듬, 음색, 발음을 다양하게 바꿔 말해보라.

'음의 고저'를 다양하게 변화시키는 것은 전달력을 한층 더 높여주는 효과가 있다. 특히 높은 소리로 하는 말은 호기심이나 놀라움을 전하는데 유용하다.

'늘임 강조, 천천히 강조'를 부분적으로 활용해 보자.

'늘임 강조'라는 것은 말 그대로 부사·형용사 등을 발음할 때 모음의 길이를 다소 길게 변화를 줘서 강조하는 것이다. 예를 들어 "오늘 당신을 만나 정말 행복합니다"라는 인사를 할 때 '정말'을 '정~~말'이라고 길게 늘여주면 내가 느끼는 반가움의 정도가 더 크게 전달된다. 단어에 담긴 나의 진솔한 감정과 열정을 더욱 강하고 확실하게 표현하고자 할 때 '늘임 강조'를 사용해보자.

'천천히 강조'라는 것은 중요한 단어를 천천히 말해서 강조하는 것이다. 또박또박 끊어 다소 천천히 발음하여 그 부분이 더욱 강조될 수 있게 하는 것을 말한다. 내 말을 더욱 맛있게 만들어내는 효과가 있어 귀에 착착 붙게 만든다.

'억양에 변화'를 주는 방법도 있다. 목소리에 활기와 역동감이 넘쳐야 하는 것이 기본이지만, 억양이 더해지면 메시지를 더욱 효과적으로 전달할 수 있다. 감정이 격해 있을 때에는 마치 폭풍이 치듯 강하고 격렬하게, 슬플 때에는 약하고 작게, 또 기쁠 때에는 밝고 큰 목소리로 이야기해야 한다. 그렇지 않으면 스피치의 생생함을 전달하는데 한계가 있을 수밖에 없다.

요약하면 '속도와 길이로 강조'하는 것이 기본적인 방법이다. 다음 방법을 활용하여 더 역동적이고 변화무쌍한 스피치를 완성시켜보자.

1. 강하게 강조하기

중요하다고 생각하는 부분에 힘을 주어 강하게 말함으로써 강조해보자. 이때에는 '아, 이 부분이 진짜 중요하구나!' 하고 청중이 피부로 곧바로 알아챌 수 있을 만큼 확실히 살려주는 게 좋다. 청중에게 반드시 전달하고자 하는 단어와 강하게 설득해야 하는 부분, 희망의 메시지 등에서 기본 톤보다 한 톤 높여 힘줘서 힘껏 말해보자. 핵심 단어들은 강조하면서 말해보자.

나는 어려서부터 일단 시작한 일이면 무엇이든 목표를 달성했다. 그렇게 하기로 결심했기 때문이다. 나는 결코 실패하지 않았고, 이는 다른 사람들보다 성공할 수 있는 나만의 뛰어난 장점이 되었다.

스피치를 할 때에는 잔잔한 강물이 아닌 파도처럼 변화를 주면서 역동적으로 말할 줄 알아야 한다. 처음에는 잔잔하고 약하게 말하다가도 중요한 부분에서는 강력하게 한껏 강조해 말하라. 그러면 말의 임팩트가 느껴지면서 청중의 가슴에 활을 꽂듯이 자신의 감정과 말하고자 하는 바를 정확하게 전달할 수 있다.

좋은 스피치란 때론 부드럽게 말하다가도 강조할 때에는 거칠게 말할 줄 아는 다이내믹한 기술을 사용할 때 비로소 완성된다. 아무런 변화 없는 단조로운 어조는 당연히 듣기 지루할 뿐만 아니라, 말하는 내용을 이해하는 데도 걸림돌이 된다.

2. 약하게 강조하기

그저 목소리 톤을 높여 힘 있게 말하는 것만이 강조가 아니다. 중요하다고 생각되는 내용에서 오히려 '톤을 낮춰 약하게 말하는 강조법'도 매우 효과적인 방법이다. 조용히 작게 말하는 이 기법을 활용하면 청중이 더욱 귀 기울여 집중하게 되는 은근히 강한 효과가 있다. 특히 낮은 목소리에 감정이 실리면, 그 안에 담긴 의미가 한층 더 증폭되면서 청중의 마음에 쉽게 와 닿게 된다.

이처럼 약하게 강조하는 방법은 가령 좌절, 실패, 절망 등 약하고 부정적인 이미지를 가진 단어들을 사용할 때 효과가 더욱 커진다. 특히, 낮춤 강조 직전에 해당하는 부분을 크고 강하게 말하면 더 두드러진 변화를 가져올 수 있다. 약하게 강조해서 말하는 연습을 해보자.

- 꿈을 버린다는 것은 인생을 포기하는 것과 같습니다.
- 아무리 사소하고 작은 목표라고 해도 다른 사람들 앞에서 마음껏 이야기해보세요.

3. 천천히 강조하기

중요하다고 생각되는 내용을 비교적 천천히 말함으로써 강조해보자. 주의할 점은 모든 말을 느리게 표현한다고 해서 청중이 더욱 잘 이해하게 되는 것은 아니라는 것이다. 말이 그저 느리기만 하면 축축 처지고 지루해지는 것은 당연하다. 그래서 말의 속도에도 리드미컬한 변화를 주어야만 한다.

비교적 쉽다고 생각되거나 별로 중요하지 않은 내용은 빠르게 스치듯 말하고, 중요한 부분 및 어렵고 복잡한 내용, 그리고 숫자, 인명, 지명, 연대 등과 같은 일종의 정보를 전달할 때는 천천히 또박또박 말하는 것이 좋다. 말의 속도만으로도 청중들에게 '이 부분은 매우 중요한 부분입니다. 귀 기울여 들어주세요!'라는 의미를 얼마든지 전달할 수 있다.

강조와 음조뿐만 아니라 말하는 속도 또한 말의 전달력을 높이는 데에 있어 무척 중요하다. 데일 카네기는 에이브러햄 링컨의 전기의 한 대목을 인용해 다음과 같이 전했다.

"링컨은 몇몇 단어를 특히 빠른 속도로 말했고, 강조하고 싶은 단어나 문구를 말할 때면 목소리를 길게 끌면서 강하게 발음하곤 했다. 그런 다음 번개가 치듯 순식간에 문장을 마무리했다. 강조하고픈 한두 단어에다 그 뒤를 따르는 그다지 중요하지 않은 대여섯 단어를 말할 때 걸리는 만큼 시간을 투자했다."

링컨처럼 다음 문장을 소리 내어 '천천히 강조하기'를 활용하여 표현하는 연습을 해보자.

- 복식호흡은 흉식호흡보다 30% 이상 많은 폐활량을 확보해준다.
- 모든 지혜는 귀로 듣는 데서 오고, 모든 후회는 입으로 말하는 데서 오는 법이다.

4. 늘여서 강조하기

늘여서 강조하는 방법은 감정을 전하거나 단어가 가진 열정을 확실하게 표현하고자 할 때 그 길이에 변화를 줘서 말하는 방법이다. 형용사나 부사를 표현할 때 모음의 길이를 좀 더 늘이는 변화를 줌으로써 말하는 사람의 감정과 내용을 한층 더 실감나게 강조하는 것이다. 모음의 길이가 길어질수록 그 의미가 갖는 강도와 발표자가 느끼는 감정 상태가 더욱 강해진다. 예를 들어 "엄청난 태풍이 몰려왔습니다"라고 일정한 길이로 말하는 것보다는 "엄~~청난 태풍이 몰려왔습니다"라고 길게 늘여 말할수록 태풍의 크기가 훨씬 크고 실감나게 느껴진다. 다음의 예로 늘여서 강조하여 말하는 연습을 해보자.

- 황사가 찾아오면서 독감 환자가 크~게 늘고 있습니다.

- 영~원히 살 것처럼 꿈꾸고, 오늘 죽을 것처럼 살아라.
- 연말 행사에 사람들이 꽉~~ 차면 좋겠다.

5. 포즈로 강조하기

말을 세련되고 전문적인 느낌으로 포장해주는 중요한 스피치 기법 중 하나다. 포즈(pause)는 말을 잠시 멈추고 침묵하는 것을 말하는데, 포즈 바로 뒤에 이어지는 내용이 한껏 강조된다. 포즈의 길이에 따라서 짧은 포즈와 긴 포즈가 있다. 짧은 단어 하나를 강조하고 싶을 때는 그 단어 앞에서 잠깐 숨을 멈추면 된다. 그러면 짧은 침묵의 시간 동안 청중들이 순간 주목하는 효과가 있다. 또한 동시에 뒤에 따라오는 단어가 훨씬 잘 들리게 된다. 이렇게 단어 앞에서 살짝 쉬는 포즈를 '짧은 포즈'라고 한다.

긴 포즈는 대략 1~3초 정도 말을 멈추는데, 포즈를 하는 타이밍이나 길이가 정해져 있지는 않다. 포즈로 강조하기 기술은 청중을 집중시키고 싶을 때나 긴장감을 조성하고 싶을 때 자유롭게 활용하면 된다. 다음 예를 활용하여 포즈로 강조하기를 해보자.

- 위대한 영화는 /// 평론가가 만듭니다.
- 그것을 좋아하든 좋아하지 않든 그것은 /// 당신의 자유입니다.

04
최대한 생생하고
맛있게 말하라

자신을 명확하게 이해시키려면 생생하게 말해야 한다. • 헤르더

우리는 보다 다양하고 화끈하게 표현하는 사람의 말에 집중이 잘된다. 그런 얘기가 훨씬 재미있고 흥미진진하게 느껴지기 때문이다. 맛깔나게 말할 줄 아는 입담 좋은 사람의 이야기는 귀를 활짝 열어놓고 계속 듣고만 싶어지게 만드는 마력이 있다. 우리는 항상 '같은 말이라도 좀 더 인상적으로 색다르게 표현할 수는 없을까?'라는 고민해야 한다. 사람들의 관심과 이목을 한 번에 확 잡아끌 수 있는 방법을 연구하라. 연사는 자신의 생각을 청중에게 효과적으로 전달하기 위해 내용과 각 상황에 맞는 적절한 표현 방식을 찾아내는 것이 가장 중요하다.

상대의 눈앞에 바로 펼쳐져 보이고 손으로 만져지는 듯한 착각을 불러올 수 있도록 생생하게 말하기 위해서는

1. 매우 다양한 어휘를 사용해야 한다.

스피치를 요리로 표현하면 어휘는 재료라고 할 수 있다. 재료가 신선해야 멋지고 맛깔나는 풍성한 음식으로 탄생되는 원리와 똑같다. 나의 감정이나 느낌을 설명하거나 사물 또는 상황을 묘사할 때 다양한 표현이 필요한 순간이 있다. 계속 똑같은 말만 주구장창 반복하다보면 상대가 듣기에도 지루해진다. 같은 의미라 하더라도 여러 다양한 표현을 구사하면 스피치가 한층 더 풍성해지고, 당신이 전하고자 하는 의미가 강화되는 효과가 있다.

항상 내용에 어울리는 더욱 새롭고 화끈한 표현이 없는지 연구해가며 좀 더 강렬하고도 임팩트 있게 표현해보자. 그러면 스피치가 더욱 맛있어진다.

일상생활 속에서 친구와 흔히 나누는 다음의 대화에서도 맛깔나게 말하는 기술을 살펴볼 수 있다. "거기 음식 어땠어?"라고 물을 때, 그저 "좋았어, 맛있었어"가 아니라 좀 더 구체적으로 세부적인 묘사를 하면 훨씬 사실적으로 와 닿는다.

지금 당장이라도 그 맛집에 달려가고 싶어질 정도로 생생하게 표현해야 한다. 눈앞에 그려지듯 구체적인 표현을 사용하면 팔딱팔딱 생동하는 느낌을 전달할 수 있다. 말하는 사람 스스로도 자기 말에 몰입해서 푹 빠질 수 있어 더 신이 나서 말할 수 있게 된다.

2. 오감을 자극하는 표현을 사용해야 한다.

아라비아 속담에 '귀를 통해서 들은 것을 눈에 보이도록 만드는 사람이 말을 가장 잘하는 사람이다'라는 말이 있다. 말하고자 하는 내용이 청중의 머릿속에 생생하게 떠오르도록 그림 그리듯 실감나게 표현해보자. 홀륭한 묘사력은 구체적(Detail)으로 이야기할 때 비로소 가능해지는데, 시각·청각·후각·미각·촉각 등 오감을 자극하는 말을 사용하면 상대가 내용을 즉각적으로 머릿속으로 상상해내는 데 도움이 된다. 그저 단순한 전달이 아니라 말로써 한 폭의 그림으로 상상할 수 있도록 보여주고, 들려주고, 온몸으로 느낄 수 있게끔 해보자. 그러면 한층 더 말에 생명력을 불어넣어 살아 숨 쉬는 말을 할 수 있다.

눈앞에 생생하게 그려지는 듯한 묘사를 하고 싶다면 '빨갛게', '새파란', '샛노란' 등 색깔을 표현하는 단어나, '~처럼 보인다', '그려진다', '선명하다' 등의 서술어를 사용해보라. 이 같은 표현은 듣는 이의 시각을 자극해 말의 이미지를 자연스럽게 상상하게 만든다. 특히 실제 소리를 표현하는 의성어인 '졸졸졸', '땡동땡동', '퍽' 등을 곁들이면 청중의 청각이 활짝 열리게 된다.

이밖에도 촉각, 미각, 후각까지도 말로 섬세하게 표현해 그 느낌을 전달해보자.

제가 가장 행복한 순간은 집안에 찌개 냄새가 확 풍길 때입니다. 제가 일어나는 시간에 맞춰 어머니가 준비해주시는 보글보글 찌개 끓는 소리가 들리고, 탁탁탁 도마 위의 채소 써는 소리가 들리면 전 너무 행복해집니다.

3. 그림언어를 사용해야 한다.

가령 "우리 집 개가~", "전에 제가 좋아하던 여자가~"라는 식의 표현은 구체적인 설명이 생략되어 있어 말에 맛이 없다. 말하는 사람은 잘 아는 얘기라도 듣는 사람은 생소할 수 있으므로 최대한 구체적으로 표현하는 것이 좋다.

• 우리 집 개가~ → 동생이 기르고 있는 '만득이'라고 불리는 애교 많고 귀여운 검정 푸들이 있는데요~

• 전에 제가 좋아하던 여자가~ → 제가 고등학교 때부터 짝사랑하던 여자는 까맣고 긴 생머리에 하얀 피부의 미녀였고, 키는 169cm 정도에 몸매가 S라인으로 너무 예뻤어요. 그녀는 치마와 원피스를 즐겨 입었지요. 웃을 때 눈웃음이 매우 예뻤고, 말투도 상냥했지요.

이렇게 설명하면 상대방 머릿속에 내가 말하는 내용이 사진처럼 떠오를 것이다.

말주변이 없다는 사람은 말 자체가 서툰 게 아니다. 이와 같이 상대방이 단박에 알아듣고 이해할 수 있는 자세한 설명을 빠뜨리는 것이다. 그러나 능숙하게 말할 줄 아는 사람은 그림을 그리듯 생생하게 눈에 보이듯 표현한다. 예컨대 '이 개는 하얗다'고 말하는 것과 '이 개는 눈처럼 희다'고 말하는 것을 한번 비교해보자. 분명 후자 쪽이 훨씬 더 실감나는 말일 것이다. '눈처럼'이라고 표현할 경우 그것을 듣는 이의 뇌리에 눈의 정경으로 곧바로 떠오르게 된다.

효과적인 스피치를 하기 위해서는 청중의 마음속에 그림을 그려주는 생생한 느낌이 드는 단어를 사용해야 한다. 예컨대 '집'이라고 하는 대신 '허물어져 더 이상 못쓰게 된 버려진 집'이라고 말해보라. 곧바로 머릿속에 한 채의 쓰러진 집이 머릿속에 그려질 것이다.

상대가 당신이 체험한 일을 전혀 모를 때 상대방이 알 수 있도록 말하는 것을 '픽처토크'라 한다. '말로 그림을 그린다'는 뜻이다. 러시아 연출가 스타니슬라비스키는 "말이라는 것은 상대방의 마음에 그림을 그리는 일이다"라는 말을 남겼다.

좀 더 자세한 이해를 위해서 그림으로 말하는 영화배우 김수로를 한번 관찰해보자. 그는 우리나라에서 그림언어를 가장 잘 쓰는 사람 중 하나이다. 김수로는 영화 〈주유소 습격사건〉에서 코믹한 자장면 배달부 역을 하면서 대중들에게 널리 알려지기 시작했다. 그 뒤 그는 TV 오락프로그램에 나와 그만의 입담으로 확실히 이름을 알리게 됐다. 그가 게스트로 출연하면 프로그램 시청률이 오를 정도로 그의 입담은 대단하다. 그의 화려한 언변술의 비결은 바로 픽처토크다. 다음은 그가 MBC예능프로 〈무릎팍도사〉에 나와서 했던 말이다.

"모 영화 촬영차 중국에 갔을 때 일인데, 내일 모레 12시까지 말 7필이 필요한 상황이야. 기수도 말도 부족한 상황이고 촬영지가 사막 오지라서 말을 어디서 구해오는 것은 불가능한 상황이었지. 근데 영화란 게 하루 촬영이 연기되면 몇 천만 원 손해를 보잖아요. 그래서 모두 걱정하고 있는데, 그 때 스윽 중국 현지 스텝이 오더니 우리는 옛날에 삐라라고 했는데, 말을 구한다는 전단지를 만들어서 그걸 열기구에 실어서 띄우는 거야, 그러다 기구가 터지면 전단지들이 땅으로 흩어지면서 사람들이 그걸 보고 와주기를 기다리는 거지……."

김수로의 이야기를 듣다 보면 어느 순간 이야기가 머릿속에 그림이 그려지는 것을 느꼈을 것이다.

사실, 그림언어를 가장 잘 쓰는 사람들은 시인이나 소설가들이다. 책으로 독자들의 마음을 사로잡기 위해서는 한껏 독자들의 상상력을 자극해야 하기 때문이다. 스피치에서도 역시 그림언어를 잘 사용하면 보다 멋지고, 화려하고, 리얼하고, 구체적인 스피치를 할 수 있다. 그림언어는 듣는 사람 속에 한 폭의 멋진 풍경을 떠오르게 만드는 놀라운 마력이 있다. 말의 전달력을 한층 더 높여주는 그림언어를 쓰는 연습을 끝없이 해보자. 그러면 어느덧 당신의 스피치는 지금보다 몇 배 더 멋지고 화려하게 빛날 것이다.

비범할 정도로 강한 신념의 소유자였던 처칠도 표현력이 뛰어난 저술가이자 말하기 달인이었다. 그는 대범하고 자유분방하게 언어를 구사했다. 그는 그만의 뛰어난 유머감각과 풍자로 의회에 활기를 불어넣곤 했다. 또한 분위기를 한껏 고조시키고 대중을 선동할 수 있는 적절한 어휘를 사용할 줄 아는 인물이었다. 그의 이야기를 듣는 사람들은 자신도 모르게 머릿속에 끊임없이 그가 말하는 내용의 영상을 떠올리며 이야기에 점점 빠져들게 되었다. 이는 바로 그가 그림 그리듯 표현하고 이야기가 살아 숨 쉬게 했음은 물론 시각적인 메시지를 갖추었기에 가능한 일이다. 특히 처칠이 수많은 경쟁자들, 달변가들, 지식인들의 의견을 일사불란하게 통제해서 전쟁을 승리로 이끌었던 비결은, 구체적인 이미지와 영상을 능숙한 언어로 불러와서 곧바로 설득으로 연결시킬 수 있었던 그만의 스피치·능력의 승리라고 볼 수 있다.

설득하려면 상대방의 자발적인 상상력에 호소할 수 있는 방법을 찾아야 한다. 감정과 욕망 즉, 심리에 초점을 맞추어 한껏 욕망을 자극하는 그림을 상대방 머릿속에 그릴 줄 아는 것이 가장 중요하다. 상대방의 시각에 호소할 수 있는 능력을 연마하자. 날카롭고 뚜렷한 영상을 말로 표현할 수 있도록 반복 연습해보자. 다음 《삼국지》에 나오는 조조 이야기도 생생한 표현을 능숙하게 할 수 있었던 대표적인 사례라고 할 수 있다.

조조는 무더운 여름날, 병사들과 이동 중이었다. 갈증과 장거리 행군으로 낙오하는 사람들이 속출했다. 부근에는 우물도 개울도 없었다. 이때 조조는 '저 고개를 보라. 저 고개만 넘기면 살구 밭에 새콤한 살구가 지천으로 깔려 있어 곧 갈증을 풀 수 있다. 어서 저 고개를 넘자'라고 외쳤다. 이 말을 들은 병사들은 입속에 침이 고여 갈증을 참아낼 수 있었다고 한다.

05
개이득 스피치로
유혹하라

수레를 만드는 장인은 사람들이 모두 부자가 되면 좋겠다고 생각한다. 관을 만드는 장인은 사람들이 모두 일찍 죽으면 좋겠다고 생각한다. 그러나 전자는 착한 선인이고, 후자는 악한 악인이라고 말할 수 없다. 부자가 되지 않으면 수레를 사주지 않고, 죽지 않으면 관을 사주지 않기 때문이다. 사람이 미운 것이 아니고 사람이 죽으면 자기에게 '이익'이 되기 때문이다. • 한비자

만일 당신이 '내가 말한다고 해도 듣는 사람이 이야기를 잘 들어 주지 않는다'고 느끼고 있다면, 그것은 틀림없이 자기 관점에서만 흘러 보내는 시드(seed) 화법으로 이야기했기 때문일 것이다. 듣는 이의 흥미 따위는 전혀 생각하지 않고 자신이 말하고 싶은 것만 계속 떠들어대는 스피치를 '시드(seed)화법'이라고 한다. 반면에 듣는 이의 흥미와 관심에 호소하는 스피치를 '니드(need)화법'이라고 한다.

이쯤에서 인간의 원초적인 특징을 좀 더 자세하게 살펴볼 필요가 있다. 사람을 움직이는 가장 큰 동기는 무엇일까? 애정? 동정심? 의리? 인정? 모두 아니다. 그것은 단 하나, 다름 아닌 '이익'이다. 인간의 본성을 정확히 간파하면서 권력의 본질을 분석하고 군주가 놓여 있는 곤란한 처지를 부

각시킴으로써 권력 유지의 방도를 모색한 책이자, 제왕의 교과서로 불리는 《한비자》를 통해서 인간의 원초적인 심리와 특징을 느껴보자.

"뱀장어는 뱀과 비슷하고, 누에는 나방의 어린 벌레와 닮았다. 뱀을 보면 누구나 놀라고, 나방의 어린 벌레를 보면 누구나 기겁을 한다. 그러나 어부는 뱀장어를 잡고, 아낙네는 손으로 누에를 집는다. 즉 이익이 된다고 생각하면 누구나 용감해지는 것이다. 수레를 만드는 장인은 사람들이 모두 부자가 됐으면 하고, 관을 만드는 장인은 사람들이 모두 일찍 죽기를 바란다. 그렇다고 수레 장인은 착한 마음으로 남들이 부자 되기를 바라는 것도 아니요, 관 짜는 장인은 악한 마음으로 사람들이 죽기를 바라는 것도 아니다. 다만 이해관계에 따른 것이다."

사람은 이익에 따라서 움직이고 반응한다는 사실을 알고, 스피치 할 때 적용한다면 청중의 심리를 장악하고 원하는 방향대로 이끌어갈 수 있다. 상대의 귀에 내가 하는 말이 들리도록 하기 위해서는 '들을 사람이 어떤 것을 듣고 싶어 하는가를 파악'하는 철저한 준비과정이 필요하다. 거기에 자신이 하고자 하는 싶은 말을 결부시켜 듣는 사람의 욕구에 부응하는 말을 하는 니드화법을 전개해야 한다.

'청중을 도울 수 있는 일인가?'

'그들이 원하는 바가 무엇인가?'

'이 주제가 청중에게 가치 있는 것인가, 그들이 할 수 있는 일인가?'

등을 주도면밀하게 파악해야 한다. 청중이 원하는 것을 말해야 스피치에 성공할 수 있다.

시드(seed)보다 니드(need)로 말해야 상대의 가슴속 깊이 전달되는 말을 할 수 있다. 청중은 당연히 니드화법으로 말하는 것을 좋아하기에 연사 자신이 원하는 것이 아닌, 청중이 원하는 것을 말해야 한다.

청중이 듣기 원하지 않는 스피치는 무의미한 공염불일 뿐만 아니라, 조금 과장되게 말하면 청중의 감정을 무시하고 학대하는 행위가 된다고 해도 과언이 아니다.

하지만 결코 듣고 싶지 않은 이야기라도 들려주지 않으면 안 되는 경우가 있다. 이럴 경우 시드화법을 전략적으로 니드화법으로 전환하는 기술이 필요하다. 스피커는 반드시 청중이 원하는 것을 정확하게 파악하여 그것에 대해서 흥미롭게 잘 전달할 줄 알아야 한다. 대중이 몹시 궁금해하는 것에 대해서 스피커는 적절하게 말할 줄 아는 센스를 갖춰야 함은 물론이다. 청중의 가려운 곳이 어디인지 정확히 파악하여 시원하게 긁어줄 수 있는 쿨한 스피치를 할 줄 알아야 청중과 잘 어우러져 함께 교감할 수 있는 것이다.

사람을 잘 설득하는 현란한 말솜씨를 갖춘 쇼핑호스트들을 자세히 관찰해보면 제품 정보 같은 '사실'만 늘어놓지 않는다. 대신에 그 사실이 자신한테 실질적으로 어떤 도움을 주는지 '이득'을 넣어서 말하는 화법을 능숙하게 사용하는 것을 볼 수 있다. 이처럼 사람들에게 직접 얻을 수 있는 '이득'을 말 속에 잘 풀어줘야 사람들의 관심을 끌고 매혹시킬 수 있다.

다음은 시드(seed)화법을 니드(need)화법으로 바꿔서 표현한 것이다.

• 우리는 당신 회사에 고품질의 석유를 제공할 수 있다.
→ 석유의 질이 좋으면 연비의 효율이 좋아져 더욱 경제적으로 합리적으로 운전할 수 있다.

• 우리는 농협카드로 결제할 수 있는 시스템을 갖추었다.
→ 공무원들이 가장 많이 사용하는 카드가 바로 농협카드다. 항상 소지하고 있는 카드로 즉시 간편 결제를 할 수 있어서 다른 카드를 휴대해야 하는 번거로움이 크게 줄어들게 된다.

• 우리는 빠른 기간 내에 공사를 완벽히 끝낼 수 있습니다.
→ 빠른 기간 내에 공사를 끝낼 수 있을 것 같습니다. 만일 공사 기간을 단축하게 되면 당신은 다른 곳에 들어가는 임대비용을 큰 폭으로 줄일 수 있고, 근무환경이 더욱 쾌적해져 궁극적으로 업무 효율이 올라가는 큰 장점이 있습니다.

재미있는 사실은 니드화법은 스피치뿐만 아니라 인터넷에 글을 올려서 다른 사람들의 관심을 끌고자 할 때도 동일하게 적용된다는 것이다. 자신이 올린 글이 사람들에게 큰 호응을 얻고 많은 댓글이 달리게 하기 위해서는 당연히 상대방에게 '이득'을 줄 수 있다는 것을 어필하는 '니드화법'으로 말해야 한다. 누구나 남의 얘기를 듣는 것보다 자신과 관련된 얘기를 하는 것에 훨씬 더 흥미를 보인다.

- 시드화법 – '나'가 주어
- 니드화법 – '너'가 주어

나 오늘 ~일이 있었어요. → 여러분은 이런 일이 있었나요?/ 저는 오늘 이런 일이 있었는데, 여러분도 살면서 저와 비슷한 경험이 있으신가요?

전자보다 후자에 더 댓글이 많이 달리는 것은 물론, 공감대가 형성되고 관심이 집중되는 경향을 보인다.

그렇다면 도대체 왜 이런 일이 일어난 것일까? 그저 남의 경험담만 듣다 보면 쉽게 질려 버리는 경향이 있다. 사람은 이익에 따라 움직이는 동물이기에 자신의 이익과 자기 자신에 대한 것에 대해 가장 큰 관심을 보일 수밖에 없다. 그래서 당사자 자신이 직접 피부로 느낄 수 있도록 상대의 관점에서 이야기를 할 수 있어야 한다.

일방적으로 자기 이야기만 적어 놓았을 때 리플이 2개뿐인 글이었다. 하지만 앞서 말했던 방법을 사용해서 멘트를 바꾸자 훨씬 더 많은 사람들이 관심을 가져주었다. 자신의 이야기를 함과 동시에 타인의 의견과 경험을 함께 올리니 순식간에 리플이 20개 이상이 달렸다.

다음은 니드화법의 좋은 예이다.

- 저는 세계여행을 통해서 견문을 넓히고 새로움과 모험을 추구하는 성향으로 바뀌게 되었는데, 여러분께서는 언제 새로운 세계에 눈을 뜨게 되셨는지요?

• 저는 이 험난한 불경기와 세계경제의 불안 속에서도 한국인 특유의 성실하고 근성이 있기에 어려움을 잘 극복할 수 있다고 생각하는데, 여러분은 한국인의 미래에 대해서 어떻게 생각하십니까?

이처럼 사람들은 자기 '자신'과 관련된 것에 가장 큰 관심을 보인다. 또한 자신에 대해 말하는 것을 가장 좋아한다. 좀 더 실감나게 표현하면 사람들은 보통 해외에서 테러사건으로 수천 명의 사상자가 난 것보다 당장 자신의 감기몸살이나 배고픔에 훨씬 더 큰 관심을 갖는 경향이 있다. 그렇기에 무조건 니드화법으로, 서로가 잘 통할 수 있는 공통적인 화제로 말을 하는 것이 가장 좋다.

대표적인 니드화법의 선수는 방송인 김제동 씨다. 백조의 우아한 모습 아래 열띤 발길질이 있듯, 그의 화려한 언변술 뒤에는 매우 큰 노력과 고민의 시간이 있었다.

어느 곳에서든 스피치의 첫 번째 성공원칙은 '공감대 형성하기'이다. 그는 먼저 청중들이 원하는 정보가 무엇인지 미리 탐색하는 치밀한 시간을 갖는다. 또 청중들과 공감대를 형성할 수 있는 적절한 소재를 재빨리 파악하여 소통할 줄 아는 진정한 프로이다.

더불어 그가 꾸준하게 사랑받는 두 번째 비결은 '재치 넘치는 간결한 문장'이다. 언변의 마술사 김제동 씨의 어록을 한번 살펴보자.

|어록1| 사랑은 서로 마주보는 게 아니라, 같은 곳을 바라보는 것이고

사랑은 서로에게 기대는 것이 아니라, 서로 기댈 곳을 만들어주는 것이다.

| 어록2 | 우주는 존재합니다. 하지만 여러분들이 없는 우주는 존재하지 않습니다.

| 어록3 | 하늘에 해가 왜 있는지 아십니까? 그럼 밤하늘에 왜 별이 있는지 아십니까? 저도 제가 왜 당신을 사랑하는지 모릅니다. 사랑할 수밖에 없기에 사랑합니다.

솔직히 이 세상에 스피커는 매우 많다. 그러나 안타깝게도 그 존재만으로 자체 발광하는 보석 같은 명 스피커는 극소수이다. 지금은 정보화 시대인 만큼 정보 과잉으로 청중들의 정보력도 매우 풍성해졌고 그만큼 눈높이도 매우 높아졌다. 남들 다 아는 지극히 평범하고 얄팍한 지식 전달은 결코 상대를 감동시킬 수 없다. 청중의 수준과 그들이 기대하고 있는 기대치 그 이상의 것을 말할 수 있어야 진정한 프로로 거듭날 수 있는 것이다.

결국 좋은 스피커가 되려면 매 순간 자신과의 싸움에서 이기고 노력해야 한다. 스피치는 매우 솔직하다. 당신이 아는 것 안에서만 말할 수 있다. 입력한 만큼 출력되고, 인풋(input)이 있어야 아웃풋(output)이 있는 법이다. 그렇기에 끊임없는 학습과 새로움을 탐구하는 자세만이 진짜 고수가 되는 지름길이다.

말의 연금술사가
즐겨 쓰는 맛있는 조미료

남과 다른 차별화가 관건이다. • 스티브 잡스

스피치를 할 때 상상력이 풍부하고 창조적인 표현에 능한 언어의 연금술사가 있다. 이들은 전달력을 높이기 위해 여러 수사학적 장치와 창조적인 언어를 이용한다. 대표적인 것이 의성법과 의태법이다. 가령 "어떤 남자가 술에 취해 걸어간다"라는 평범한 표현도 "곤드레만드레 술에 취해 인사불성이 되어서 비틀비틀 쓰러질 듯 걸어간다"라고 표현한다. 듣는 이의 상상력을 자극하기에 충분한 의태법을 사용해 맛깔스럽게 묘사한다.

어떤 목사님은 홍해 앞에 놓인 모세와 이스라엘 백성의 난감함을 설명할 때에도 성도들이 사면초가의 상황에 맞닥뜨린 것 같은 착각을 불러일으킬 수 있도록 흥미진진한 분위기를 조성한다. 온누리교회 조용기 목사님 같은 스피커를 보면 단어 하나, 형용사 하나 허투루 선택하지 않고 상당히 기술적으로 선택한다는 것을 알 수 있다. 스피치로 성도들을 감화시키고 리더십을 발휘하는 진정한 선수들인 것이다.

이들이 스피치를 할 때 빼놓을 수 없는 것은 바로 '과장법, 점층법, 비유법, 열거법, 인용법, 의성어 · 의태어' 등이다.

1. 과장법

과장법이란 대상을 실제 상태보다 확대하거나 지나치게 축소함으로써 의미를 강조하는 수법이다. 또 대상을 풍자하거나 해학적으로 그려내는데 유용하게 쓰이기도 하는데, 이런 식이다.

"진리는 하늘이 무너지고 땅이 꺼져도 변함이 없습니다."

"얼마나 놀랐던지 제 간이 콩알만 해질 뻔했습니다."

이런 표현은 생생해서 듣는 사람의 마음에 깊이 와 닿는다.

2. 점층법

예를 들면 "오늘따라 마음이 매우 불안합니다. 앉아도 불안하고, 서 있어도 불안하고, 걸어도 불안하고, 일을 해도 불안합니다" 하는 형식으로, 사상이나 감정이나 사물을 짧고 작고 약한 것으로부터 길고, 크고, 높고, 강한 것으로 점점 고조시켜 극대화시킨다. "심하게 불안하다"는 한마디면 될 것을 불안한 감정을 점점 고조시켜 극대화된 상황을 연출해서 강한 인상을 준다. 이와 반대로 내용의 범위를 점점 좁혀 강조하는 점강법도 자주 사용되는 표현법 중 하나다.

3. 비유법

비유는 말로써 그림을 그리는 것이다. 고객은 복잡한 아이디어를 말로 된 그림으로 표현할 수 있는 사람을 좋아한다. 듣자마자 머릿속으로 상상의 나래를 펼쳐서 눈앞에 보이듯 표현해야 한다.

영어와 달리 우리말의 경우엔 색 하나를 표현하더라도 '노랑'만이 아닌 '누리끼리하다, 노르스름하다, 샛노랗다' 등의 재미있고 다양한 표현이 있다. 바람도 그저 센 바람, 약한 바람이 아닌 어디에서 언제, 어떻게 불어오는지에 따라 저마다 다른 이름을 가지고 있다. 스피치를 할 때도 무미건조한 표현에서 벗어나 알록달록 신선하고 다양한 표현을 쓸 수 있도록 하자.

그렇다면 행복한 기분을 그저 '행복하다'는 말 말고 어떻게 표현할 수 있을까?

"두고두고 오늘을 계속 기억하게 될 것 같습니다."

"오늘 밤새도록 잠들지 못할 듯합니다."

또는 영화나 드라마 속 명대사를 패러디해 보는 것도 좋은 방법이다. "수고하신 많은 분들이 정말 있는데 제가 이렇게 받게 되어 참 송구스럽습니다"의 의미로 남긴 배우 황정민의 '숟가락 하나 얹었을 뿐'이란 수상 소감은 두고두고 많은 사람들의 입에 오르내렸다. 상을 받은 황정민의 감정이 그 표현 하나로 더 생생하게 전달되었기 때문이다.

미국의 케네디 대통령도 멋진 비유로 표현하는 것을 즐겼다. '우리는 소련을 제치고 항공우주 분야의 세계 1위가 될 것이다'라는 말 대신에 '우리는 금세기 말에 인간을 달에 착륙시키고, 무사히 지구로 귀환시킬 것이다'라고 섹시하게 표현했다. 스티브 잡스는 컴퓨터를 '우리의 지성을 위한 자전거'라고 이야기했고, 이건희 회장은 '혁신'이란 말 대신에 '마누라와 자식만 빼고 다 바꿔라'는 파격적인 한 마디로 우리의 뇌리에 깊이 각인시켰다. 이처럼 섹시하게 말하기 위해서는 적절한 비유를 들어 설명할 수 있어야 한다.

4. 의성어 · 의태어

의성어와 의태어의 적절한 사용도 나의 말을 좀 더 맛깔스럽게 만들어준다. '졸졸졸' 흐르는 시냇물 소리를 들으니, 갑자기 '띠리리' 하고 벨이 울려서, 찌개가 '보글보글' 끓는 소리에, '으랏차차' 힘차게 줄을 당기니 등의 표현은 말을 더 생생하게 만든다. 이를 위해서는 평소에 새롭고 참신한 어휘들을 넉넉하게 저장해야 한다. 광고나 영화, 주변 사람에게서 참신한 표현을 듣거나 발견하면 꼼꼼하게 메모해 두었다가 내 것이 될 수 있도록 여러번 곱씹어 발음하고 평소에도 인용해 보는 습관을 들여야 한다.

스피치의 천재들은 대부분 문장에 적합한 형용사를 사용해 성질이나 상태를 생생하게 묘사했다. 의성어와 의태어를 적절하게 배치하면 운율감이 살아난다. 이런 스피치는 마치 구성이 탄탄한 한 편의 드라마와 같다. 그리고 풍부한 상상력이 동원되어 흥미진진하고 풍성하다. 이는 리더들이 갖춰야 할 커뮤니케이션의 능력이기도 하다.

5. 열거법

열거법은 서로 비슷하거나 같은 계열의 구절이나 그 내용을 늘어놓음으로써 서술하고자 하는 내용을 강조하는 수사법이다.

"손에 잡히는 것이 없고, 눈에 보이는 것이 없고, 귀에 들리는 것이 없을지라도 우리는 항상 희망을 마음에 품어야 합니다."

이런 표현은 그 어떤 표현보다 사실적이고 현실적이고 입체적이다. 그래서 듣는 사람의 감성을 자극하고 마음에 파고들어 오래도록 기억된다.

열거법은 대체로 셋 이상을 늘어놓아야 하며, 부분적으로 각각 다른 자격과 표현 가치를 가진 어휘로 전체 내용을 강조한다. 이와 달리 같은 어구를 늘어놓는 것을 '반복법'이라 한다. 가령 다음과 같은 표현이 있다.

"우리는 머리가 되고 꼬리가 되지 않으며, 위에 있고 아래에 내려가지 않으며, 꾸어줄지라도(빌려 줄지라도) 꾸지(빌려 주지) 않는 민족과 백성이 될 수 있습니다."

6. 인용법

인용법이란, 자신의 이론을 증명하거나 주장을 강조하기 위해 속담이나 격언, 다른 사람의 말을 인용하여 논지의 타당성을 뒷받침하는 기교를 말한다.

대다수는 생각이 있어야 그 다음에 그것을 언어로 표현할 수 있다고 알고 있다. 그러나 실상은 그 반대다. 언어를 통해서 사고하고 얼마나 풍부한 언어를 가지고 있느냐에 따라 그 사람의 생각의 크기와 폭이 결정된다. 알고 있는 어휘가 많을수록 더 많은 생각을 머릿속에 담을 수 있고, 반대로 알고 있는 어휘가 적을수록 머릿속에 적은 생각밖에 담지 못한다. 그래서 글을 잘 쓰려면 우선 어휘를 많아 알아야 한다. 어휘를 많이 알아야 풍부한 사고를 할 수 있으며, 그것을 잘 표현할 수 있다.

간혹 책을 읽다 보면 똑같은 표현이 네 번, 다섯 번 등장하는 경우가 허다하다. 얼마나 생각과 표현력이 모자라면 똑같은 표현을 한 페이지에 네 번, 다섯 번 반복해서 쓸까? 이는 어휘가 부족해서 그렇다. 어휘력을 늘리기 위해서는 무엇보다 다독, 즉 책을 많이 읽어야 한다. 화려한 어휘로 무장해 스피치 선수가 되어 보자.

07
진정한 프로는 쉽고,
짧게 말한다

간결은 지혜의 정수다. • 셰익스피어

세상에는 세 종류의 발표자가 있다.

쉬운 것을 어렵게 말하는 사람 / 어려운 것을 어렵게 말하는 사람 / 어려운 것을
쉽게 말하는 사람

어려운 것을 어렵게 말하는 건 누구나 할 수 있는 일이다. 쉬운 것을 어
렵게 말하는 사람은 하수다. 반면 어려운 것을 쉽게 말할 수 있다면 진정한
고수라고 인정할 수 있다. 앨버트 아인슈타인은 '간단하게 설명하지 못한다
는 것은 완벽하게 장악하지 못했다는 의미'라는 의미심장한 말을 남겼다.
이때 나만의 언어로만 문장들을 나열하지 말고, 상대가 이해할 수 있는 쉬

운 말로 표현해야 한다. 어려운 것일수록 쉽게 말하는 연습을 하라.

하수들은 요점정리가 안 된 말들을 길게 늘어놓기만 해서 오히려 상대를 혼란스럽게 만든다. 말이 길어질수록 요점을 놓치게 되며, 상대로부터 신뢰를 잃게 된다. 반면 문장이 짧고 간결하면 말에 힘이 실린다. 그렇기에 마치 단검으로 사물을 내리꽂는 것과 같이 짧지만 임팩트 있는 말을 하도록 노력해야 한다. 특히 '말'은 글과는 달리 듣는 순간 이해하지 못하면 다시 되돌려 들을 수 없다는 특징이 있다. 따라서 발표자는 청중이 들으면서 곧바로 이해되도록 쉽게 말해야 한다. 그러기 위해서는 문어체 표현보다는 구어체 표현을, 길고 복잡한 문장 대신에 짧고 단순한 문장을 사용해야 한다.

또한 한자어, 외국어, 전문용어와 같은 어려운 표현을 쓸 때도 청중이 이해할 수 있도록 가능한 쉽게 풀어서 설명을 해야 한다. 무조건 쉬운 것이 좋다는 사실을 명심하자. 누구나 한번쯤 '한자, 영어, 전문 용어를 섞어 말하면 날 매우 똑똑한 사람으로 보고 전문가로 인정하겠지?'라는 생각을 했을 수도 있다. 그러나 스피치는 절대 자신이 유식하고 잘났다는 것을 뽐내는 시간이 아니다. 청중과 진심으로 소통하기 위해서는 내겐 너무나 익숙한 내용이라도, 청중이 쉽게 알아들을 수 있도록 말할 줄 알아야 한다. 여기에서 '쉽게 말한다'는 것은 '되도록 일반 사람들이 흔하게 사용하는 최대한 친근한 단어로 말한다'는 뜻이다.

자신에게 익숙한 표현일수록 상대방이 이 말을 알아들었는지, 모르는지, 어렵게 느낄 수 있는지에 대한 솔직한 인식조차 하지 못할 때가 종종 있다.

한 분야의 전문가들만 모여 있는 특수한 자리가 아닌 이상, 스피치를 할 때는 초등학교 4~5학년 학생에게 설명할 때처럼 매우 쉽고 친숙하게 말하는 것이 가장 좋다.

'1분에 1억 파는 여자' 라는 닉네임을 가진 쇼핑 호스트 정윤정은 그의 저서《나는 30초가 다르다》에서 이렇게 말했다.

"나는 방송을 준비할 때 그 상품을 무조건 한 줄로 정리한다. 이것이 상품의 본질이며 방송의 주제가 된다."

이것이 간결의 진정한 힘이다. 간결함이 내가 무엇을 하고 있는가에 대한 명쾌한 설명이 되는 경우가 많다. 그리고 간단하고 단순할수록 대중을 설득하기 쉬운 것은 당연하다. 간결함 만큼 강력한 힘을 가진 단어는 찾기 어렵다. 상대방이 기억해주지 못하는 정보를 아무리 많이 전달해봐야 소용없는 일이다. 그래서 우리에게 매우 익숙한 광고 카피들은 매우 짧다. 유명한 광고문구들은 짧고 임팩트 있기에 우리 기억 속에 인상 깊게 박혀 있을 수 있는 것이다.

- Just do it! -나이키
- 침대는 가구가 아닙니다. 과학입니다. -에이스 침대
- 달라진 것은 단 하나, 전부입니다. -애플, 아이폰S6
- 너구리 한 마리 몰고 가세요. -농심, 너구리
- 진짜 맛있는 김치 -LG, 디오스 김치 톡톡

이처럼 커뮤니케이션의 강한 힘은 간결함에서 시작되는 되는 것이다. 아무리 길게 설명해도 결국 핵심적인 메시지가 고객의 마음에 남는다. 간결한 커뮤니케이션은 훈련을 통해 충분히 가능하다. 조셉 맥코맥의 《브리프(Brief)》에서는 효과적으로 커뮤니케이션하는 방법을 다음과 같이 4가지로 정리해서 제시하고 있다.

1. 그려라.

모든 커뮤니케이션에서 개요는 정제된 표현이다. 한 번에 내가 원하는 것을 상대방에게 인식시키기 위해 개요를 그리는 것은 매우 효과적이다.

2. 이야기하라.

스티브 잡스는 스토리텔링을 활용한 화법에 능했다. 스토리텔링은 단순 명료하고 설득력 있는 설명 방법이다. 또한 청중의 흥미를 불러일으키면서 뚜렷한 주제의식을 풀어가는 방식이다. 그는 아이폰의 모든 것을 이야기하지 않고, 오직 아이폰이 가진 카메라에 집중했다. 좋은 스토리텔링은 상대에게 말을 걸고 핵심 메시지를 전달한다. 쉽게 잊히지 않고 가지고 싶은 욕구를 만든다.

3. 대화하라.

훈련된 대화는 절제를 만든다. 경청하는 힘을 키우면 공감하게 되고, 효과적으로 질문하게 된다.

4. 보여줘라.

시각적 커뮤니케이션은 복잡한 정보를 압축하고 흥미롭게 보여줄 수 있는 도구다. 쉽게 동영상과 슬라이드를 활용하면 많은 사람에게 쉽고 강력하게 영향을 준다.

한편, 미국 공화당의 미디어 전략가이자 미국 최고의 여론 전문가로 평가받는 연설 전문가 프랭크 런츠는 단숨에 꽂히는 언어의 기술을 잘 알고 있는 사람이다. 그는 먹히는 말, 상대의 가슴에 꽂히는 말에는 다 그만한 이유가 있다고 강조했다. 그가 주장하는 먹히는 말의 비결은 그다지 특별한 것이 아니다. 그가 제안하는 말의 규칙 중에서도 가장 중요한 것은 상대방을 한마디로 제압하는 것, 즉 '간결성'이다. 당신이 할 수 있는 한 최대한 간결하게 표현하라. 단어만으로 충분하다면 굳이 문장을 쓰지 말고, 세 단어로 할 수 있는 말을 구태여 네 단어로 늘여 쓸 필요는 없다.

말을 할 때에 간결한 문장을 사용하면, 긴 문장을 읽고 독자들이 이해하기 위해 기울여야만 하는 시간과 노력을 절약할 수 있다. 심지어 긴 문장은 모호해지고, 작가의 의도가 왜곡될 위험이 있다. 최대한 짧은 문장을 사용하면 강렬한 힘이 느껴지고, 분명해진다. 심지어는 아름답기까지 느껴진다.

결론적으로 말하면 최소한의 표현으로 최대의 효과를 거두는 사람이 진정한 언어의 프로다. 세계적인 문호 헤밍웨이도 짧은 문장을 최고의 문장 원칙으로 삼고 이를 평생 동안 지킨 대표적인 작가다. 그가 평생 글 쓰는 원칙으로 삼은 것은 '짧은 문장을 써라. 짧은 단락을 써라. 확정적으로 써라. 박력 있는 글을 써라'였다.

08
청중 앞에서
쇼하는 배우가 되어라

만사는 이야기하는 내용보다 방식에 달려 있다. • 마르쿠스 퀸틸리안

퍼블릭 스피치를 하려면 '끼'가 있어야 한다. 스피치도 하나의 퍼포먼스이며 무대 위에서 펼쳐지는 하나의 극과 같다. 아나운서나 연예인들이 무대 위에만 오르면 마음껏 빛을 발산하는 것처럼, 우리도 평소 모습과 무대 위의 모습이 같을 필요는 절대 없다. 자, 무대 위에서 우리 끼를 발산해보자! 스피치의 시작은 무조건 입가에 가벼운 미소를 띤 밝은 표정이어야 한다. 미소에서 발표자의 여유와 자신감이 절로 느껴지기 때문이다. 평범한 모습은 이제 그만! 자기만의 독특한 연설을 하자. 쇼프로그램의 MC, 강호동처럼 연사의 음성과 몸짓, 얼굴 표정을 활용해서 유머를 과장하라. 목소리와 몸짓, 얼굴 표정까지 연설 내용의 감정적 어조에 맞춰야 한다.

스피치는 단순한 말하기가 아니다. 나를 표현하고 청중을 감동시키는 종

합예술이다. 진정한 소통은 결국 사람과 사람이 마음을 주고받는 것인데 자신의 감정조차 제대로 보여주지 못한다면 대체 무엇을 나눌 수 있단 말인가? 이처럼 스피치를 하는 연사는 다양한 감정표현을 할 수 있어야 한다.

생동감 넘치고 현장감 있는 연극배우처럼 스피치를 해야 한다. 연극은 관객과 무대가 있고, 대사가 있다. 그리고 감정 표현이 있어 그야말로 이야기하듯 말한다. 연극은 감정표현을 하는데 도움을 줄 뿐만 아니라 사람 심리를 이해하는 데도 큰 도움이 된다. 희(喜, 기쁘고), 노(怒, 화나고), 애(哀, 슬프고), 락(樂, 즐거운) 4가지 감정을 자유자재로 표현할 수 있는 사람이 말을 입체적으로 잘하는 사람이다. 내용이 그 어떤 것이라도 좋다. 혼자 떠들고 혼자 즐겨보자. 기쁘고 화나고 슬프고 즐거운 감정을 최대한 살려 표현하는 훈련을 계속하다 보면 머지않아 스피치에 대한 두려움이 사라지면서 탁월한 감각을 터득하게 되고 자유로움을 만끽할 수 있을 것이다.

스피커와 연극배우와의 공통점은 또 있다. 스피치 하는 순간 NG가 없다는 점이다. 스스로 무대를 이끌어가야 한다. 어느 누구도 무대의 막이 오르면 그의 연기를 도와줄 수 없다. 연사는 연극배우처럼, 무대 위에서 스스로 빛을 발산해야 한다. 그러기 위해서는 건조하다 못해 말라비틀어진 죽은 말하기가 아닌, 탱탱하게 물이 올라 살아 있는 말하기를 해야 한다.

먼저 스피치가 진행되면 내용에 한껏 감정 이입을 해야 한다. 말하는 내용과 일치하는 순간마다 감정을 얼굴로 생생하게 표현할 수 있어야 한다. 기쁜 이야기는 눈을 크게 뜨면서 환하고 밝은 표정으로 하고, 우울한 이야기를 할 때는 미간을 찌푸려 슬픈 표정을 지어 보여라. 당신의 얼굴을 보는 청중 역시 이야기 속에 함께 빠져들 수 있도록 말이다. 자연스럽게 흘러나오는 감정을 온몸으로 발산하다보면, 스스로도 말하기의 리듬에 푹 빠져 재미를 느끼게 된다. 자신의 이야기 속에 완전히 몰입해야 그런 발표자의 모습을 보는 청중도 자연스럽게 이야기 속으로 초대될 수 있는 것이다.

이처럼 연사의 의미 있는 효과를 나타내려면, 말의 내용만큼 전달 방식에도 상당히 신경 써야 한다. 마음에서 우러나온 진실된 목소리로 내용에 맞춰 음성을 다양하게 바꾸면서 잠시 멈춤을 자연스럽게 활용해야 한다. 연사의 목소리는 말하는 방식의 첫 번째 방법에 불과하다. 비언어적 전달의 두 번째 방법은 대표적으로 바디랭기지가 있다.

가끔 외국 정치인들이 우리나라 국회에 와서 스피치 하는 모습을 볼 수 있다. 그리고 미디어를 통해 이들이 현지에서 스피치 하는 모습을 보기도 한다. 그들은 간단한 메모를 보면서 큰 그림을 그리며 매우 여유로운 표정과 몸짓으로 자연스럽게 연설한다. 시선을 피하지 않고, 정확한 시선 처리 그리고 적당한 타이밍에서 침묵하며 자유자재로 청중과 밀고 당기면서 의원들의 관심을 자연스럽게 유도한다. 하지만 우리나라 정치인들의 모습은 어떠한가. 일부를 제외하고는 대부분 보좌관이 써준 원고를 그대로 읽어 내려간다. 그렇기에 무미건조하고 말의 내용이 머릿속으로 그려지지도 않고 들리지 않고 별 느낌을 주지 못한다. 바로 죽어 있는 스피치와 살아 있는 스피치를 보고 있는 것이다.

선택한 주제에 대해 당신이 얼마나 열정을 가지고 이야기하는지, 당시의 흥분과 느낌을 얼마나 고스란히 전달하고 싶은지 표현이 되어야 비로소 청중의 호응을 얻을 수 있다. 스피치의 최고 단계는 뮤지컬배우처럼 역동적으로 움직이고 말하는 것이다.

뮤지컬은 노래와 춤과 음악과 대사가 어우러진 감동적인 종합예술이다. 사람 냄새가 느껴지는 스피치를 해보자. 역동적으로 움직이고 애절하게 표현하는 뮤지컬배우가 되어 보자. 스피치에서는 콘텐츠도 중요하나, 먼저 동작이나 목소리에서 인간미를 느끼게 해야 한다.

죽어 있는 스피치 → 연극배우처럼 연습해보기 → 뮤지컬배우처럼 연습해보기

온몸으로 감정을 표출해보자. 내용에 맞는 생생하고 다양한 표정을 지어보자. 스피치를 할 때도 시종일관 변화 없는 얼굴로 입술만 움직이면서 내용만 전달하는 스피치는 어떠한 감흥도 설득도 할 수 없다.

시각언어 중에 가장 비중이 크면서도 즉각적으로 감정이 읽히는 것이 바로 '얼굴 표정'이다. 과학적으로도 얼굴 표정을 만들어내는 근육은 뇌신경과 직접 연결되어 있다. 그렇기에 얼굴 표정은 감정의 변화와 직결되어 있다. 딱히 잘생기거나 예쁜 얼굴은 아닌데 묘하게 매력적인 사람을 보면 연기자처럼 표정이 매우 풍부하다. 감정에 맞는 얼굴 표정을 다양하게 지어 보일 때 인간적인 매력이 솔솔 풍기는 법이다. 그래서 연예인들이 시청자들의 감성을 뒤흔들어 큰 인기를 얻어 열광하게 하는 것이다.

이처럼 '감정, 목소리, 표정' 셋은 쌍둥이처럼 함께 다닌다. 목소리 연기자인 성우들의 더빙 현장에 가보면, 성우들은 절대 목소리만으로 연기하지 않는다. 오만 가지 표정과 각종 몸짓으로 연극무대를 방불케 할 정도로 스튜디오 안에서 온몸으로 연기한다. 물론 녹음된 음성에 표정과 몸짓까지 보이지는 않지만, 모두 고스란히 담겨 생생하게 들린다. 목소리에 감정을 실어 말해보자. 주변에 말 잘하는 사람들을 보면 감정 표현이 무척 풍부하고, 마치 그 상황에 다시금 가 있는 것처럼 생생하게 말을 해서 푹 빠져들게 만든다.

명사는 마치 목소리를 하나의 악기처럼 프로페셔널하게 연주한다. 강력하게 호소해야 할 때, 잔잔하게 감동을 줘야 할 때, 익살스럽게 이야기해야 할 때를 알고 그 상황에 맞게 목소리를 연출하는 것이다. 발성, 발음, 속도 등이 전달력에 있어 중요하다면, 목소리를 통해 표현된 감정 표현은 스피치의 생동감을 결정짓는다. 같은 내용도 어떤 감정을 실어 말하는가에 따라 전혀 다른 느낌으로 다가오는 것이다.

특히, 스피치를 할 때 이야기형식의 스토리텔링은 자연스럽게 이야기에 빠져들게 함으로써 청중의 몰입도를 높이고, 발표자가 말하고자 하는 메시지를 간접적으로 전해 감성으로 청중을 설득한다. 그래서 스토리텔링은 정말 이야기를 맛깔나게 전달해야 한다. 스토리텔링은 음성과 몸짓을 통해 청중에게 이야기를 전달하는 것이기 때문이다. 말투나 표현 방식, 맺고 끊음,

몸짓, 속도에 따라 이야기의 효과는 달라질 수 있다. 아무리 적절한 소재에 내용 구성이 잘되어 있어도 전달할 때 감정을 싣지 않거나, 어려운 표현을 많이 사용하거나, 현장감이 떨어진다면 청중의 공감을 자아내기 어려울 것이다.

그렇기에 특히 따옴표("") 속의 대화를 실감나게 살려야 한다. 대상을 흉내 내면서 생생하게 캐릭터를 살려 스토리의 극적인 상황, 당혹감, 안도감, 뿌듯함, 흥분감 등 그 순간의 감정을 목소리와 표정, 제스처로 잘 표현해야 청중의 공감을 극대화시킬 수 있다. 뜨거운 반응을 불러일으키는 유명한 강사들의 퍼포먼스를 자세히 살펴보면, 늘 따옴표를 잘 살린다. 남자 강사가 여성의 하이톤 목소리를 천연덕스럽게 내기도 하고, 어린아이의 동심 어린 목소리를 내며 동작까지 곁들여 유쾌한 연기를 선보이기도 한다. 마치 잘 짜인 연극 한 편을 눈앞에서 보고 있는 듯한 착각을 불러일으킨다. 그만큼 우리가 청중 앞에 서서 스피치를 하는 순간만큼은 얼굴에 두꺼운 철판을 깔고 조금 능청스럽고 뻔뻔해질 필요가 있다.

명 연사의 강연을 유심히 살펴보자. 때로는 청중을 웃게 하고, 때로는 울리고, 어느 상황에선 분노를 표출하기도 하고, 맘껏 자유자로 강의 분위기를 다양하게 이끌어가면서 감동을 주는 예술적인 스피치를 구사하는 것을 볼 수 있다. 당신도 청중에게 스피치나 연설이 아닌, 한편의 연극이나 뮤지컬을 감상한 것 같은 벅찬 감동을 선사해보자.

09
말의 불필요한
기름기를 쫙 빼라

탁월함의 최고는 간결함에 있다. 넓게 배우고 깊이 공부하는 것은
반대로 간략히 설명하기 위해서다. • 맹자

초등학교 시절 땡볕의 운동장에 학생들을 세워놓고 한참을 스피치를 하시던 교장선생님을 기억하는가? 했던 말 또 하고 또 하고, 한마디만 더 하고 끝내신다고 해놓고, '마지막으로'를 계속 연발했던 교장선생님 말이다. 우리는 이 교장선생님처럼 말을 해서는 절대 안 된다. 두서없이 말이 반복되면 설교가 된다. 설교는 사실 좋은 말인데, 어느 순간 길고 지루한 이야기의 대명사가 되었다. 누구나 긴 이야기보다는 짧고 굵은 이야기를 환영한다. 보통 말이 긴 사람의 경우 주변의 반응은 관심이 없고 본인이 하고 싶은 말만 혼자 심취해서 계속 이어가곤 한다. 그렇다면 상대는 지루함만 느낄 뿐이다.

말을 시작하기 전에 해야 할 말이 무엇인지 잊지 말자. 준비가 덜된 채

스피치를 시작하게 되면 정해진 시간을 채우기 위해 스피치 주제와 다소 동떨어진 군더더기 말들이 늘어나게 된다. '그런데 저 말은 왜 하는 거지?' 하는 생각으로 청중의 머리에 빈틈이 생기는 그 순간부터 청중은 더 이상 나의 편이 아니다. 따라서 좋은 스피치를 위해서는 가능한 많은 관련 자료들을 준비한 후, 줄이고 다듬는 작업을 거쳐야 한다.

'완벽한 상태란 더 이상 추가할 것이 없을 때가 아니라 더 이상 뺄 것이 없을 때를 말한다'라는 생텍쥐페리의 말처럼, 더도 덜도 말고 핵심만 쏙쏙 들어간 상태의 스피치를 해보자.

1. 말의 재료를 취사선택한다.

말의 재료를 찾기 위해 검색하다 보면 탐나는 자료들이 이것저것 눈에 띌 수밖에 없다. 그러나 내가 하고자 하는 말이 그날의 주제에 맞지 않다면 아무리 좋은 소재라도 과감히 버릴 수 있는 결단력이 필요하다. 여기저기서 수집한 좋은 이야기는 다 가져다 붙인 듯 느껴지는 스피치는 난잡하고 부담스런 느낌을 준다. 각각을 떼어놓고 본다면 다 의미 있고 괜찮은 정보들인데, 어째 합쳐놓고 보니 어정쩡하다. 이것저것 넣다보니 분량도 너무 많고, 주제와 좀 빗나간 것들도 있다. 이는 멋진 스피치를 하고 싶은 욕심이 과해져 수집한 여러 정보를 끝까지 끌어안고 있어서 생기는 결과다. 엄격하게 선별하지 않은 많은 양의 정보 전달은 청중을 혼란스럽게 만든다. 아무것도 기억 못하게 하는 치명적 부작용이 생기기도 한다.

2. 짧고 굵게, 명쾌하게!

중요내용만 완벽하게 남기면 듣는 사람 입장에서도 명쾌하고 스피커 입장에서도 간결한 스피치가 완성된다. 그래서 15분이든 30분이든 1시간을 넘는 강의든 내가 하는 모든 말을 한마디로 요약할 수 있는 주제가 내 머릿속에 반드시 있어야 한다. 이 한마디를 핵심 메시지로 연결할 수 있어야 한다. 그래야 매 순간 긴장해서 배가 산으로 가는 비극을 줄일 수 있다.

그리고 내가 준비한 스토리(에피소드)들이 그날의 주제에서 벗어나지 않도록 사전에 확실히 확인해야 한다. 청중 역시도 그날의 스피치를 듣고 한 문장으로 정리할 수 있을 때야말로 나의 스피치가 험한 산길이 아닌 탄탄대로를 달리며 청중과 교감하게 되는 것이다.

3. 불필요한 말과 습관어의 반복은 집중력을 떨어뜨린다.

말과 말 사이에 어색한 침묵이 돌 때가 있다. 그 순간을 참기가 힘들어 순간적으로 '어, 아, 음, 저, 에, 자' 등의 말로 침묵을 때우는 경우가 많다. 많은 버릇들과 마찬가지로 말버릇 또한 내가 인식하지 못한 채 반복되곤 한다. 그렇기에 자신의 말을 객관적으로 분석해볼 필요가 있다.

불필요한 말의 반복은 듣는 이의 신경을 거슬리게 만들고, 간단한 습관어의 반복은 청중을 내용에 집중하지 못하게 만드는 방해물이 된다. 말과 말 사이에 붙이는 짧은 한마디 외에도 문장을 다 마치고, 동의를 구하듯 '그렇죠? 맞죠?'라는 말을 계속해서 쓰는 경우도 있다. 이런 말은 청중을 예민하게 만들기도 해서 주의할 필요가 있다.

'사실, 솔직히' 같은 단어도 많은 사람들이 반복적으로 사용하는 단어다. 이런 단어들은 본인의 말에 확신이 없단 느낌을 주게 되니 주의해서 사용해야 한다. 목이 불편한 듯 자꾸만 짧은 헛기침을 한다거나, 의미 없는 의성어를 반복적으로 내뱉고 있지는 않은지도 확인해 볼 일이다.

문장을 처음 말할 때 불필요한 말을 쓰는지 확인하기 위해 자신의 연설 장면이 담긴 영상물을 한 편 보면 어떤 문제가 있는지 확인할 수 있다. 가능한 천천히, 목소리를 크게 해서 핵심 포인트를 짚어가면서 말하는 연습을 해보자. 이렇게 하면 좀 더 느린 속도로 말하는 것이 익숙해진다. 그리고 어떤 부분에서 주로 쓸데없는 말을 하는지도 알아낼 수 있다.

10
물 찬 제비처럼
리듬을 타라

많은 사람이 충고를 받지만, 오직 현명한 사람만이
충고의 덕을 본다. 충고를 받지 않으려 하지 않는 자
는 도움을 받을 수 없다. • 폴러

같은 말을 하더라도 말에 리듬을 넣어 표현하는 것과 리듬을 넣지 않고
평상시처럼 무미건조하게 말하는 것은 엄청난 차이가 난다. 김연아의 피겨
스케이팅에는 물이 흐르듯 자연스럽게 흐르는 리듬이 있다. 바이올리니스
트와 피아니스트의 손길에도 리듬을 발견할 수 있다. 이처럼 무언가 반복적
으로 연습해서 자연스러워지면 저절로 리듬이 생기기 마련이다. 스피치도
마찬가지다. 말을 많이 하다보면 자연스럽게 자신의 몸에 맞는 리듬이 생긴
다. 이것이 바로 '리듬감 있는 스피치'다.

방송국 아나운서와 리포터, 그리고 현란한 말솜씨로 단 시간에 폭발적인
매출을 일으키는 홈쇼핑 쇼핑호스트들의 멘트를 한번 살펴보자. 말에서 일
반인들과는 좀 다른 리듬감이 느껴질 것이다. 평탄조로 무미건조하게 이야

기하는 것이 아닌 파도 치듯 말에 리듬이 들어가 있다. 이처럼 청산유수로 말 잘하는 사람의 목소리 안에는 모두 리듬이 있다는 공통점이 있다.

개그맨들에게도 개그맨 특유의 리듬감이 말에 녹아 있음을 발견할 수 있다. 가령 〈1박 2일〉이나 〈무한도전〉 같은 예능 프로그램의 MC 중에 강호동, 이수근 등의 멤버들이 어떻게 말하는지 떠오를 것이다.

"1바악~~2일!"

〈무한도전〉은 또 어떤가? 무한도전 또박또박 말하는 것이 절대 아니다.

"무~우한 도전! 오늘은 어떤 도전이 펼쳐질지 여러분 함께해 주시기를 바랍니다!"

평탄조로 이야기하는 것이 아니라 말에 리듬을 넣어서 역동적으로 이야기 한다. 이렇게 TV에 나오는 아나운서와 리포터, 쇼핑호스트, 개그맨, 연기자 등 말 잘하고 말하는 것을 업으로 삼고 있는 사람들에게는 공통점이 있다. 이는 바로 말에 '리듬감'이 살아 있다는 것이다. 마치 노래를 부르듯 말에 리듬감을 넣어 흥미롭게 이야기를 한다.

그러나 우리가 말할 때는 어떠한가? 우리는 무의식적으로 친구들과 신나게 대화를 나눌 때, 술 한잔 들어가 큰 소리를 외칠 때를 보면 말에 리듬이 들어가 있다. 그러나 많은 사람들 앞에 나가서 발표만 하려고 하면 갑자기 리듬감은 감쪽같이 사라지고 평탄조로 무미건조하게 말하게 된다. 심지어 어색함이 그지없는 목석같은 모습을 보이기까지 한다.

우리도 '말 잘하는 사람의 목소리 리듬감'을 배워보자. 그럼 한결 세련되고 자신감 넘치게 말할 수 있을 것이다. 마치 노래를 부르듯 말에 유쾌한 리듬을 넣어보자. 말에 신선한 '생명력'을 불어 넣어야 귀에 잘 들리게 된다. 첫 음절에 악센트를 주면 사람들이 단어를 자연스럽게 연상하기 때문에 더욱 빠른 이해가 가능한 것이다.

리듬 스피치를 하면 좋은 또 다른 점은 호흡을 아낄 수 있다는 점이다. 방송인과 연기자들이 리듬 스피치를 하는 이유 중 하나다. 말할 때 발음을 정확하게 한다고 "안녕하세요"라는 말을 하나씩 다 힘줘서 말하면 호흡이 한꺼번에 너무 많이 빠져나가게 된다. 이런 식으로 30분 이상 이야기하면 당연히 기력이 딸리고 지치게 된다. 듣는 사람도 부자연스럽게 느껴질 것이다. 그렇기에 리듬감 있는 스피치를 통해서 에너지 사용을 최소화할 필요가 있다.

억양과 리듬의 의미는 다르다. 억양은 문자에 얹히는 높이 곡선이며, 문장 전체나 일부분에 가락을 얹어서 특정한 의미를 전달하는 것을 뜻한다. 그러나 리듬 스피치는 마치 산과 같은 모습을 하고 있다. 핵심 단어는 좀 더 세게 강조해서 이야기하는 것이다. 특히 리듬감 있는 스피치를 하기 위해서는 다음과 같은 S-A-S, 즉 '사스 법칙'을 잘 활용해야 한다.

S_ 쪼개서 말하기(Segmentation)

단어와 단어를 모두 잘게 쪼개보자. 또한 문장 안에서 가장 강하게 읽어야 하는 부분에 공명을 강하게 넣어보자. 말에 리듬이 들어가면, 말에 생명력이 생기고 이로써 감정 이입 스피치가 가능해진다. 나의 감정이 스피치에 그대로 실리면 생명력이 생긴다. 또 강약을 넣어서 이야기하기에 귀에 잘 들리고 전달력이 매우 좋아진다. 중간에 내렸다가 올라가는 부분에 잠깐의 쉼이 생겨서 앞말에 대한 이해도가 높아지고 뒷말을 이어 말하기 편해진다. 마치 노래 부르듯 산뜻하게 말할 수 있어 호흡도 아낄 수 있다. 뿐만 아니라 말의 변화가 생겨서 스피치가 전혀 지루하게 들리지 않는다.

A_ 첫음절에 악센트 주기(Accent)

문장을 읽을 때 중심단어와 수식단어(형용사 · 부사), 숫자는 특별히 강조해서 강하게 읽는다. 문장 중에서 가장 중요한 단어와 어려운 단어, 숫자, 수식 어구는 강한 공명을 넣어서 말한다. 전체 문장과 조화가 이루어지지 않을 때는 차라리 악센트를 넣지 말고 최대한 자연스럽게 악센트를 넣어서 말해보자.

S_노래 부르듯 리듬 타며 부드럽게 말하기(Sing a song)

리듬감 있는 스피치는 특별하거나 어렵고 새로운 이론이 절대 아니다. 평소 우리는 친한 사람들과 편하게 이야기할 때 리듬 스피치로 이야기한다. 다만 사람들 앞에 나가서 이야기하려니 긴장 되어서 말에 리듬감이 사라지고 무미건조하게 되는 것이다. 평소 내 말의 어디에 강이 들어가고 어디에 약이 들어가는지 점검해볼 필요가 있다. 계속 높거나 낮은 한결같은 소리가 아니라 무조건 '변화'가 있는 목소리가 좋다. 변화가 있어야 말에도 노래와 같은 리듬감, 활력, 생동감이 생기게 된다. 그래야 청중의 귀까지도 꽉 붙잡아 둘 수 있다.

11

경험담으로 감동의
도가니로 몰아넣어라

우리는 대화의 기적을 통해서 인간미와 인간적인 관계를 계발할 수 있다. • 풀러

당신은 당신의 인생을 한마디로 정의할 수 있는가? 당신의 존재를 자신

있게 드러낼 수 있는가? 철저히 준비되고 내면화된 스피치야말로 사람을

움직이는 강력한 힘이다. 인생에 있어 축복받고 감동받은 스토리를 전하자.

기쁘고 슬펐던 그때 그 순간의 느낌을 이야기하자. 삶이란 마치 먼 길을 걷

는 것과 같다. 자신이 그동안 걸어온 길을 편하게 이야기할 수 있는 사람이

가치 있는 사람이고, 그런 사람이 위대한 스피치 커뮤니케이션을 할 수 있

게 된다. 결국 자신의 경험은 가장 신선한 스피치의 재료이자 감동의 도화

선이 된다.

보통 스피치에서 활용하는 스토리에는 두 종류가 있다. 내 이야기 또는

타인의 이야기다. 내 이야기를 하려면 다양한 경험 위에 이를 정리해낼 수

있는 지식과 이론이 있어야만 한다. 경험은 내용물이고, 지식과 이론은 포장지와 같다. 다양하고 살아있는 경험이 좀 더 생생한 스토리를 만들 수 있다.

그런 면에서 링컨은 연설가로서 충분한 조건을 갖추었다고 볼 수 있다. 그는 나무꾼, 측량기사, 상점 점원, 선원, 변호사, 정치인 등 다양한 직업을 거치면서 변화무쌍한 인생을 살았다. 그는 인생에서 쌓은 다양한 경험과 에피소드를 스피치에 활용했다. 이처럼 변화무쌍한 삶을 통해 다양한 계급과 계층의 목소리를 귀담아 들을 수 있었던 것도 큰 행운이었다고 볼 수 있다. 밑바닥부터 최정상 대통령까지 올라선 입지적인 인물로서 인생 전체가 거대한 스토리 창고라고 할 수 있다.

세상에 울림을 주는 특별한 스피치를 하고 싶다면 다양한 경험을 하면 큰 도움이 된다. 풍부한 경험은 당신의 마음속에 참신한 소재가 넘쳐흐르게 하고, 이야기의 질을 한층 높여주며 풍성하게 만든다. 특히 전 세계를 자유롭게 여행하면서 감수성을 깨우고 다양한 경험을 쌓는 것은 창의적인 스피치에 많은 도움을 주고, 다양한 스피치 소재를 얻는 최고의 방법이다. 여행을 통한 이색적인 경험은 같은 대상과 같은 삶이라도 새로운 각도에서 볼 수 있게 만들어준다. 문화와 언어는 함께 가는 것이라고 볼 수 있다. 스피치 커뮤니케이션을 잘하려면 반드시 문화에 대한 이해는 필수이다. 이것이 여행이 필요한 이유다. 여행은 우리의 삶을 더욱 성숙하고 풍요롭게 만든다.

그렇기에 스피치를 잘하기 위해서는 평소 철저한 준비와 자기관리가 동반되어야 한다. 꾸준한 독서와 함께 신문, 뉴스, 인터넷 등을 통해 우량의 지식을 쌓자. 알고 있는 것이 많아야 소재가 풍부해지는 것은 당연하다. 특히 시사성 있는 소재를 유효적절하게 활용하면 청중의 시선을 집중시키는 탁월한 효과가 있다.

독서로 새로운 지식을 가득 채웠으면 산책(살아있는 책)으로 온전히 내 것을 만들고 동시에 비우는 연습을 해야 한다. 산책은 잠시 분주했던 세상과 일에서 떠나 온전히 나만의 시간을 갖는 것을 의미한다. 여유롭게 걸으면서 발걸음마다 밟히는 땅의 따스함과 평온함을 느끼고, 산책하며 독서에서 얻은 유익한 자료들을 다시 떠올려 보자. 마음을 따뜻하게 하며 감동을 주는 구절들을 음미해보자.

여행과 독서는 마음속에 참신한 소재가 넘쳐흐르게 하며, 이야기의 질적 수준을 한층 높여 준다. 때로는 혼자 잠시 모든 생각을 내려놓고 마음을 비우고 발길 닿는 대로 아무 생각 없이 걸어 보자. 다양성과 창의성을 길러주는 보물과 같은 충전의 시간이 될 것이다. 오랜 시간 내공을 쌓아온 사람, 눈에 보이는 것 이상을 볼 수 있는 통찰력을 갖춘 사람, 다른 사람 귀에 들리지 않는 것을 들을 수 있는 사람, 실력과 인격을 두루 갖추고 인간과 자연에 대한 사랑이 있는 사람이 창조적 사고를 지닌 리더이자 최고의 스피커가 될 수 있다.

스피치 대가 중에는 유명한 장군들이 많다. 그럴 수밖에 없는 것이 전쟁하기 전에 장군들은 말로써 군의 사기를 한껏 높여야만 하고, 사명감을 깊이 심어 줘야 하며, 승리에 대한 불타는 믿음을 심어 줘야 하기 때문이다.

역사에 남는 명장들은 무예와 지략만 뛰어난 것이 아니라 스피치 역시 뛰어난 인물들이다. 장군들이 주로 하는 얘기는 자신이 직접 체험한 경험이다. 병사들은 장군의 이야기를 듣고 목숨을 걸고 전장으로 나아가게 된다. 이처럼 다른 사람의 목숨을 걸게 할 수 있는 스피치가 최고의 스피치라고 할 수 있다. 다음은 명장들의 주옥같은 어록이다.

〈이순신의 백전백승 스피치〉

집안이 나쁘다고 탓하지 마라.
나는 몰락한 역적의 가문에서 태어나
가난 때문에 외갓집에서 자라났다.

머리가 나쁘다고 말하지 마라.
나는 첫 시험에서 낙방하고
서른둘의 늦은 나이에 겨우 과거에 급제했다.

좋은 직위가 아니라고 불평하지 마라.
나는 14년 동안 변방 오지의 말단 수비 장교로 돌았다.

윗사람의 지시라 어쩔 수 없다고 말하지 마라.
나는 불의한 직속상관들과의 불화로
몇 차례나 파면과 불이익을 받았다.

몸이 약하다고 고민하지 마라.
나는 평생 동안 고질적인 위장병과
전염병으로 고통받았다.

기회가 주어지지 않는다고 불평하지 마라.
나는 적군의 침입으로 나라가 위태로워진 후
마흔일곱에 제독이 되었다.

조직의 지원이 없다고 실망하지 마라.
나는 스스로 논밭을 갈아 군자금을 만들었고
스물세 번 싸워 스물세 번 이겼다.

알아주지 않는다고 불만 갖지 마라.
나는 끊임없는 임금의 오해와 의심으로
모든 공을 뺏긴 채 옥살이를 해야 했다.

자본이 없다고 절망하지 마라.
나는 빈손으로 돌아온 전쟁터에서
12척의 낡은 배로 133척의 적을 막았다.

옳지 못한 방법으로 가족을 사랑한다 말하지 마라.
나는 스무 살의 아들을 적의 칼날에 잃었고
또 다른 아들들과 함께 전쟁터로 나섰다.

죽음이 두렵다고 말하지 마라.
나는 적들이 물러가는 마지막 전투에서 스스로 죽음을 택했다.

이분과 함께라면 내 목숨도 기꺼이 바칠 수도 있다는 생각이 든다. 이순신 장군은 뛰어난 전술가이기도 하지만, 이러한 스피치 실력이 있었기에 전쟁에서 백전백승할 수 있었다. 스피치에 승리하고 싶다면 경험을 말하라.

세계를 정복한 징키즈 칸도 위대한 말로 큰 업적을 남길 수 있었다. 그는 유목민 부족들로 분산되어 있던 몽골을 통일하고, 몽골의 영토를 중국에서 아드리아 해까지 확장시킨 영웅이 되었다. 다음 글을 통해 그의 화려한 언어력과 함께 깊은 감동을 느낄 수 있다.

집안이 나쁘다고 탓하지 마라.
나는 들쥐를 잡아먹으며 연명했고
목숨을 건 전쟁이 내 직업이고 내 일이었다.

작은 나라에서 태어났다고 말하지 마라.
그림자 말고는 친구도 없고 병사로만 10만,
백성은 어린애, 노인까지 합쳐 200만도 되지 않았다.

배운 게 없다고 힘이 없다고 탓하지 마라.
나는 내 이름도 쓸 줄 몰랐으나
남의 말에 귀 기울이면서 현명해지는 법을 배웠다.

너무 막막하다고, 그래서 포기해야겠다고 말하지 마라.
나는 목에 칼을 쓰고도 탈출했고
볼에 화살을 맞고 죽었다 살아나기도 했다.

적은 밖에 있는 것이 아니라 내 안에 있었다.
나는 내게 거추장스러운 것은 깡그리 쓸어버렸다.
나를 극복하는 그 순간 나는 징기스 칸이 되었다.

　여러분들도 이처럼 자신의 경험을 말해보라. 거창하지 않아도 된다. 자신이 실수한 이야기, 학창시절 이야기, 군대 이야기, 가난했던 시절 이야기, 이성 친구 만난 이야기 등 어떠한 얘기라도 좋다. 경험에서 나오는 감동적인 스피치는 사람을 매혹시키는 페로몬과 같은 치명적인 효과가 있다.

12

진정한 프로는
인용의 달인이다

당신의 주장을 받아들이게 하려면 당신이 그 사람의
진실한 친구라는 것을 먼저 납득시켜야 한다. • 링컨

인간은 누구나 어린아이 같은 반짝이는 호기심이 있다. 초기에 청중의 관심을 끌기 위해서는 이러한 호기심을 살짝 건드려주면 효과가 좋다. 가령 주제와 관련 있는 사진이나 그림, 동영상을 보여주거나 음악을 들려주면서 청중으로 하여금 '저게 무엇을 의미할까?', '저걸 왜 보여주는 것일까?' 하는 등 청자가 관심을 갖도록 여러 가지 방법을 통해서 단번에 시선을 끌 수 있어야 한다. 시각적인 자극뿐만 아니라 여러 가지 언어적인 방법을 통해서도 호기심과 관심을 끌 수 있다. 그 대표적인 방법은 이미 잘 알려진 누군가의 말을 '인용'하는 것이다. 누구나 공감할 만한 문구를 상황에 맞게 적절하게 잘 인용할 수 있다면 청자의 이목을 집중시키는 것은 물론이고 스피치의 수준을 한층 높일 수 있다.

한마디로 대중에게 잘 알려져 유명하거나 공신력 있는 사람의 말, 속담, 고사성어 등을 인용하면서 스피치를 시작하는 기법이다. 특히 스피치 주제를 전체적으로 아우르면서도 더욱 큰 관심을 불러일으킬 수 있는 문구를 초반에 적절하게 사용하면 인상적인 오프닝을 할 수 있다. 유명인의 말이나 책, 신문, 영화, 텔레비전의 내용 또는 민화, 설화 등을 인용하면서 스피치를 시작하는 기법인데, 이미 발표된 글이나 논문들에서 인용된 자료뿐만 아니라 일반인들의 생각이나 여론도 이에 속한다.

특히 주제와 관련 있는 방면의 전문가나 권위자가 제시하는 의견은 비전문가나 일반인들보다 사실의 관찰이나 판단이 매우 정확하다고 할 수 있다. 더구나 그 방면에 명성이 높고 누구나 권위를 인정할 만한 유명한 사람인 경우에는 그 신뢰도와 공신력이 훨씬 높아진다. 전문가의 말을 인용하는 것은 그 방면에 정통한 권위 있는 사람도 자기와 똑같은 생각을 하고 있다는 것을 보여줌으로써 단시간에 자신의 말에 신뢰도를 한층 더 높여주는 효과가 있다.

이미 잘 알려진 명언을 패러디해서 사용하는 것도 하나의 방법이다. 예를 들어 "나는 생각한다. 고로 나는 존재한다"고 한 데카르트의 말을 응용해서 "나는 변화한다. 고로 나는 존재합니다"고 멋지게 표현할 수 있다.

주제와 관련 있는 일화나 최근 시사 이슈를 언급하면 초반에 관심을 불러일으킬 수도 있다. 마치 처음 들어봄직한 흥미로운 일화로 스피치를 시작한다면 사람들은 쉽게 그 주제에 호기심을 느끼고 빠져들게 된다. 약간의 스토리텔링을 사용하면 본론뿐만 아니라 서론에서도 가볍게 시작을 여는 역할을 톡톡히 한다. 특히 최근에 일어난 크고 작은 사건이나 혼란스런 현 시국 등 모두가 잘 알고 있고 큰 관심을 갖고 있을 법한 내용이라면 공감대가 잘 형성되어 청중과 단시간에 일체감을 느낄 수가 있다. 사람들은 잘 알거나 재미있는 이야기, 특별한 사건에는 쉽게 몰입하기 때문이다.

100분 토론과 같은 시사 프로그램을 보면 상대방을 몇 마디 말로 제압하면서 우위를 점하는 토론자들을 우리는 종종 볼 수 있다. 이처럼 능숙해 보이는 이들의 비결은 과연 무엇일까?

그들은 모두 해당 내용에 적절한 사실적 근거를 탁월하게 제시할 줄 안다는 공통점이 있다. '누가 쓴 어느 논문의 연구결과에 따르면~'이라는 말은 상대의 반박을 최소화시키며 신뢰감을 주는 마법과도 같은 힘을 발휘한다. 그렇기에 스피치를 할 때 논문이나 책에서 발췌한 자료, 전문가나 권위자의 말, 일반인들의 생각이나 언론보도를 적절히 인용하여 말할 수 있어야 한다. 예를 들어 다음과 같이 유명인의 말을 빌려서 멋지게 표현할 수 있다.

"지금까지 커뮤니케이션 능력이 모두에게 매우 중요하다는 사실을 여러 사례를 들어 말씀드렸는데요, 경영학의 아버지라 불리는 피터 드러커 역시 이런 말을 남겼습니다. '인간에게 가장 중요한 능력은 자기 표현력이며, 현대의 경영이나 관리는 커뮤니케이션으로 좌우된다'라고요."

또한 명확한 수치(Number)를 제시하여 표현할 수 있다. 일반적으로 사람들은 객관화된 숫자나 수치를 신뢰하는 경향이 있다. 말할 때도 숫자를 사용하면 그 내용이 더욱 사실적이고 구체적으로 다가오는 효과가 있다. 예를 들어 회사에서 자신의 실적을 보고할 때도 다음과 같이 말할 수 있다.

저는 매일 30분씩 3개월 동안 매장을 방문한 고객의 동선을 유심히 관찰해 분석한 후, 특별히 유동인구가 많은 곳에 진열대를 종류별로 설치했습니다. 그 결과 목표액의 84%를 달성했습니다.

이처럼 '30분, 3개월, 84%'라는 숫자는 일단 기억에 선명하게 남으면서 그동안의 노력과 달성한 실적이 생생하게 느껴지는 효과를 줄 수 있다. 뉴스에서 새로운 소식을 접하여 누군가에게 전달할 때도 주요 숫자를 기억하면 말의 신뢰도와 수준이 한층 높아지는 효과가 있다. 가령 "어젯밤에 뉴스에서 봤는데, 운동을 꾸준히 해야 오래 산대"가 아니라 "어젯 밤에 뉴스에서 봤는데, 주 3회씩 하루 30분 운동하면 3년을 더 오래 산대"라고 이야기하면 확실히 더 설득력이 있다.

정확하게 수량화해서 숫자로 표현하는 것 중 대표적인 것이 '통계자료'다. 말하고자 하는 요점을 수량화해서 나타내기에 청중에게 그 중요성을 강하게 인식시키는데 매우 효과적이다. 또한 통계를 적절하게 사용하면 청중에게 화자가 박식하다는 인상도 줄 수 있다. 이때 주의해야 할 점은 숫자를 너무 자주 사용하면 청중은 숫자에 질리게 되어 귀를 닫고 싶어진다. 그때부터 숫자의 의미나 중요성이 희석된다. 반드시 강조하고 싶은 핵심만을 숫자로 제시하는 것이 중요하다.

13
헤어질 땐,
뜨겁게 헤어져라

결단을 내리지 않는 것이야말로 최대의 해악이다.

• 데카르트

드라마나 영화는 항상 작품의 엔딩이 어떻게 될까 초반부터 무척이나 궁금해진다. 그 드라마가 종영되려면 아직 멀었지만 결말은 늘 궁금하다. 그래서 인터넷 포털 사이트에 드라마 제목을 치면 연관 검색어로 반드시 뜨는 것이 '○○드라마 엔딩. ○○ 결말'이다. 재미있는 드라마는 이처럼 전체 엔딩은 물론이고, 그날의 드라마 엔딩이 어떨지 손에 땀을 쥐며 보게 되고, 그 드라마가 끝나는 시간이 다가올수록 점점 초조하고 아쉬워진다. 그러나 이렇게 보는 내내 시청자를 들었다 놨다 하며 애간장을 녹이던 드라마가 가장 중요한 엔딩이 말도 안 되게 싱겁게 끝나거나, 무얼 의미하는지조차 확실히 보여주지 않은 채로 흐지부지 끝이 나면 그때부터는 화가 나기 시작한다. 그리고 여태껏 집중해서 보았던 시간이 아까워지기도 한다.

스피치도 이와 마찬가지다. 시작과 동시에 스피커의 이야기에 관심을 갖고 집중해서 들었던 스피치가, 초반 기대와는 전혀 다르게 끝으로 갈수록 맥이 풀리고 흐지부지 끝나버리거나 무엇을 말하고 있는지 헷갈릴 정도로 허겁지겁 끝나버리면 청중들이 느끼는 허탈감과 허무함은 매우 깊을 것이다.

우리가 평소 가장 감명 깊게 봤던 드라마나 영화, 책을 한번 떠올려보자. 그 작품들을 떠올렸을 때 가장 인상적이었던 장면이 첫 장면인가 마지막 장면이었던가? 사람들은 확률적으로 첫 장면보다 마지막 장면을 더 오래도록 기억한다. 이것은 기억을 담당하는 장치가 가장 최근 것부터 기억해내려고 애쓰기 때문이다. 스피치도 이와 비슷하다. 스피커가 시작 당시에 했던 이야기보다 스피치가 끝나갈 때 이야기한 것들이 청중에게는 더욱 오래도록 기억된다. 당신의 스피치가 훌륭한 스피치로 기억되기를 바란다면, 또 스피치가 끝난 후에 청중들로부터 좀 더 좋은 평가를 받고 싶다면 클로징에서 무엇을 말하고 보여줄 것인지에 대해서 특별한 신경을 써야만 한다.

그렇다면 스피치의 마무리 단계인 클로징을 어떻게 장식해야 청중들에게 만족스러운 엔딩을 안겨줄 수 있을까? 효과적인 클로징을 하는 방법은 다음과 같다.

1. 깊은 감동을 담는다.

드라마의 엔딩을 한번 생각해보자. 시청자들은 당연히 딱딱하고 건조한 엔딩보다 행복한 결말로 인상 깊은 감동을 주기를 바라지 않던가? 스피치도 역시 마찬가지다. 오프닝 단계에서 청중에게 한껏 기대감을 주고, 본론에서 청중이 원하는 방향으로 제안했다면, 클로징 단계에서는 자신이 원하는 방향으로 청중을 끌어올 수 있도록 깊은 감동을 선사해야만 한다.

이때 감동은 당연히 머리가 아닌 마음으로 전달되어야 한다. 상대에게 감동을 주는 것은 이성이 아닌 감성이다. 청중의 예민한 감성을 터치할 수 있는 것은 감동적인 글귀가 될 수도 있고, 오프닝 스킬과 같이 유명 인사의 어록이 될 수도 있다. 또는 감동을 주는 짧은 영상이라든가 사진 등의 비주얼적인 요소를 활용할 수도 있다. 그러나 가장 좋은 클로징은 오프닝 멘트에서 사용했던 이야기와 연계해 말하거나, 주제와 연관되는 클로징 멘트로 사람들 마음을 설득하는 것이다. 이렇게 스피치의 오프닝과 연계한 이야기로 클로징을 하면 청중이 놓치고 있었던 프레젠테이션 초반의 내용을 다시한 번 되짚어줌과 동시에 오늘 프레젠테이션의 결론이 명쾌하게 정리되는 두 마리 토끼를 잡을 수 있다.

2. 엔딩 멘트를 최대한 짧고 굵게 한다.

스피치의 끝으로 다다를수록 청중 역시 서서히 긴장을 풀고 스피치 내내 곤두세우고 있던 신경을 서서히 풀고 편안한 마음 상태로 돌아간다. 만약 엔딩 멘트가 너무 길어진다면 청중은 릴렉스했던 마음이 다시금 불안하게 되고, 발표자 이야기에 더 이상 집중하지 못하고 언제 끝날 것인가에 대한 생각으로만 촉각을 곤두세우게 된다. 따라서 장황한 클로징은 아무리 그 내용이 좋아도 청중의 마음을 불편하게 하는 결과를 불러오기 때문에 짧고 임팩트 있게 하는 것이 좋다. 특히, 글귀나 어록 질문, 영상이나 비주얼 그 무엇이든 꼭 클로징에 해당되는 PT가 구성되면 좋다. 스피치 내용이 청중의 사고와 행동 변화로 이어지게 만들기 위해 '인용 기법, 전망 제시 기법, 실천 유도 기법' 등을 활용할 수 있다.

무엇보다도 클로징은 강한 인상을 전해줌과 동시에 잔잔한 여운을 남겨야만 한다. 전달하고자 하는 핵심내용이 강한 인상으로 청중 가슴에 콕 박혀서 다시 집에 돌아가서도 계속 생각나고 잔잔한 여운이 남게 해야 한다.

3. 일상에서 발견한 인상적인 문구를 인용한다.

오프닝 기법에서도 다루었던 내용으로, 핵심메시지를 강하게 어필할 수 있는 좋은 문구를 찾아 인용하는 방법이다. 보통 유명한 사람의 말이나 속담, 고사성어 등을 사용하는데, 이것이 쉽고 흔한 방법이면서도 매우 효과적이기에 강력하게 추천한다. 특히 청중이 자기 자신을 스스로 되돌아보게 만드는 감동적이거나 교훈적인 문구를 클로징에 사용하면, 잔잔한 여운이 오래도록 마음에 남게 된다.

스피치를 하는 사람은 항상 사즉생(死卽生) 즉, 마지막 순간이라는 각오로 청중에게 혼신을 다해 청중에게 감동을 줘야 한다. 그렇기에 평상시 광고카피, 속담, 경구, 격언과 책이나 시의 일부 글귀를 인용하거나, 유명하거나 권위 있는 사람의 말을 인용하고 유명인물의 좌우명 등을 잘 수집하고 기억하려고 노력해야 한다. 항상 명문장을 외우고 평소 대화할 때도 연습 삼아 이를 인용해보는 습관을 들여야 한다. 이렇게 스피치의 핵심 메시지를 집약적으로 잘 드러낼 수 있는 문장들을 인용하면서 잘 마무리하면 청중에게 강한 인상을 심어줄 수 있다.

인용문은 간결하면서도 쉽게 이해할 수 있는 내용이 좋다. 스티브 잡스가 스탠퍼드대학교 졸업식 축사 말미에 스튜어트 브랜드(Stewart Brand)가 쓴 《지구 백과(The Whole Earth Catalog)》에 나오는 "끊임없이 갈망하고 끊임없이 배워라(Stay hungry, Stay foolish)"라는 글귀를 인용했는데 이것은 아직도 많은 사람들의 머릿속에 깊은 인상으로 남아 있다.

연설의 경우 대부분 청유형으로 어떤 행동을 제안하는 것으로 맺는 경우가 많다. 예를 들어 링컨의 게티즈버그 연설의 마지막은 "국민의, 국민에 의한, 국민을 위한 정부가 지상에서 결코 사라지지 않게 합시다"로 끝났다. 이처럼 청중에게 어떤 실천을 유도하는 마무리를 할 수도 있다. 청중에게 특정 행동을 하게끔 권장하기 위해 연사의 소망을 말하거나 청원하는 "~하기를 바랍니다, ~하기를 부탁드립니다, ~하지 않으시겠습니까?"와 같이 완곡하게 표현할 수도 있고, "~해주십시오"와 같이 청중에게 직접적으로 강하게 호소할 수도 있다.

이와 같이 마지막에 강력한 희망의 메시지로 끝을 맺으면 좋다. 흑인인권 운동가이자 목사인 마틴 루터 킹의 연설은 대표적인 예이다.

"흑인과 백인, 유태인과 비유태인, 기독교도와 가톨릭교도가 손에 손을 잡고 함께 옛 흑인 영가를 부르는 날을 앞당길 것입니다."

시작할 때와 같이 마무리도 깔끔하고 간결해야 한다. 연설을 구성할 때 전체 분량의 5% 정도를 마무리 발언에 할애하면 좋다. 끝이 좋으면 전부 좋다.

참고문헌

김미경 저, 《김미경의 아트스피치》, 21세기북스, 2010

이태근 저, 《스피치》, ICG, 2013

정인순 저, 《한 달 후에, 보자》, 경향미디어, 2007

임유정 저, 《성공을 부르는 스피치코칭》, 원앤원북스, 2013

박혜은 외 2인 저, 《스피치가 두려운 당신, 어떻게 말해야 하는가》, 새로운 제안, 2016

제러미 도노반 · 라이언 에이버리 저, 《30초만에 상대방을 사로잡는 스피치 에센스》, 진성
북스, 2015

김일희 저, 《33인의 스피치 대통령》, 도서출판 선, 2011

백미숙 저, 《스피치 특강》, 커뮤니케이션북스, 2014

우지은 저, 《우지은의 스피치 시크릿》, 퍼플카우, 2016

임태섭 저, 《스피치 커뮤니케이션》, 커뮤니케이션북스, 2014

김양호 저, 《성공하는 사람은 스피치가 다르다》, 비전코리아, 2013

정순인 저, 《스피치컨설턴트의 성공하는 사람은 스피치에 다르다》, 갑진출판사, 2009

신지희 · 박현진 저, 《살리는 스피치 죽이는 이미지》, 도서출판 타래, 2014

김수현 저, 《명연설에서 배우는 명품 영어 스피치》, 넥서스, 2014

데일 카네기 저, 《카네기 스피치 마스터코스》, 씨앗을뿌리는사람, 2012

최용훈 저, 《유명인사 미국대학 졸업축사 멘토스피치》, Jonghap Books, 2015

박진영 저, 《링컨처럼, 2분 스피치로 승부하라!》, 지식중심, 2015

백미숙 저, 《커뮤니케이션 이해총서 스피치》, 커뮤니케이션북스, 2014

로버트 그린 저, 《유혹의 기술》, 웅진 지식하우스, 2014

박영찬 저, 《카네기식 휴먼스피치》, 시그마북스, 2012

강상삼 저, 《난세의 최종병기 세일즈》, 카사노바에게 배워라, 청어, 2014

최염순 엮음, 《카네기 명언집》, 씨앗을 뿌리는 사람, 2006

이유진 · 이영환 · 이송훈 저, 《오바마 영어연설문》, 21세기북스, 2009

박준기 · 김도욱 · 박용범 저, 《지식창업자》, 쌤앤파커스, 2016

김병완 저, 《책 쓰기 혁명》, 문학동네, 2015

김진섭 저, 《책 쓰기의 나비효과》, 프리윌 출판사, 2015

Memo

Memo

나는 하고 싶은 말 제대로 하고 싶다

초판 1쇄 | 2017년 7월 7일

지은이 | 서미림
펴낸이 | 이금석
기획 · 편집 | 박수진
디자인 | 김국희
마케팅 | 곽순식
물류지원 | 현란
펴낸곳 | 도서출판 무한
등록일 | 1993년 4월 2일
등록번호 | 제3-468호
주소 | 서울 마포구 서교동 469-19
전화 | 02)322-6144
팩스 | 02)325-6143
홈페이지 | www.muhan-book.co.kr
e-mail | muhanbook7@naver.com

가격 13,500원
ISBN 978-89-5601-354-1 (03320)